流血の魔術 最強の演技

ミスター高橋

講談社+α《プラスアルファ》文庫

文庫版まえがき

本書の書き下ろしが出版された後、私の三〇年来の人間関係が大きく変わった。ごく一部の友人を除いて、私はプロレス界の内部から大バッシングを受けることになった。直接的にではないが、古い友人たちから非難されているとの情報も届いた。

私はプロレスが好きだからこそ、タブーを超越した未来について書いた。このままではプロレスの歴史が終わってしまう、という危機感が私の中にあった。それは、出版から一年半が経過した今も変わらない。

そんな私の考えを、プロレス界の外にいるファンや、一般の人々の多くが支持してくれた。これほどプロレス界の内側にいる人と外側にいる人とで、反応が違うことにも衝撃を受けた。

これは私自身が体験したことなのだが、プロレス界で仕事をしていると、世の中全体が見えにくくなる。秘密を守るために人付き合いが内向きになり、世間で何が起きているのか、世間の人々が何を考えているのかが、わからなくなるのだ。

私がプロレスのタブーを明かそうが明かすまいが、実は世の中のほとんどの人々は、プロレスがエンターテインメントのショーなのだということを知っていた。私が書きたかったのは、だから今後どうあれば発展していくか――という明るい未来のプロレス論だ。高橋《たかはし》がタブーに触れたと罵《ののし》ったのは、関係者と一部のマニアだけだ。

プロレスは総合格闘技やK―1の人気に押されて、人気回復の兆《きざ》しさえ見えないように思う。私が危惧《きぐ》していたことが、ますます現実味を帯びている昨今だ。かつて少年ファンが夢を見て、大人のファンたちが溜飲《りゅういん》を下げたプロレスの輝きは、もう完全に失《う》せてしまったのだろうか。

プロレス界で生きてきた者として、こんなところでギブアップするなと声をあげたい。お前の声になんか耳を傾《かたむ》けるものかと、プロレスラーや業界関係者には言われるだろう。しかし、もう一度だけ強調したい。その村社会に安住する内向きの発想こそが、君たちの本当の敵なのだよと。総合格闘技やK―1は敵ではないのだ。

より多くの人が、プロレスの逆襲に期待感を持ってくれればと願う。それが、本書の文庫化にあたっての私の思いだ。私の中にプロレス再生への意見はあっても、絶対的な答えはない。だからこそ、この本が「プロレスをどうしていくべきか」――の議論を沸騰させる一助になれば嬉しい。

プロレス界は団体の垣根が崩れて、いわゆる交流戦のようなものが日常茶飯事になっている。これはマッチメイクの手詰まりを象徴する末期症状だ。新日本プロレスと全日本プロレスが対抗戦を行うことが切り札だった時代は、もうとっくに過ぎてしまった。おそらく各団体のマッチメイカーにとっては、もはや後がない断崖絶壁だ。

これからは小手先のストーリーづくりではなく、業界そのものの構造改革に取り組む必要がある。臭いものにフタではなく、フタを開けて余計なものは全部、外へ出してしまうべきだ。そして今という時代の空気を吸い込み、ファンが望んでいるプロレスを再構築しなくてはならない。

私が言うファンとは「マニア」ではなく「世間」だ。忘れてほしくない。プロレスが輝いていたあの頃、プロレスファンとは、テレビ視聴率二五パーセントを占める「世間」であったことを。

二〇〇三年四月

ミスター高橋

まえがき

「プロレスに星の売り買いはあるのですか」

あるプロレスラーの本の中で、インタビュアーが当のレスラーに質問していた。私がともに働いてきた新日本プロレスの選手ではないので名前は挙げないが、もちろん彼は「星の売り買いはない」と断言していた。

私も彼と同じように「売り買いはない」と断言する。しかし、その言わんとする意味は、その本に書いてあった内容とは違う。

星の売り買いがないというのは、真剣勝負だから売り買いがない、という意味ではない。プロレスは最初から勝負が決まっているショーだから、もとより裏で売り買いなどする必要はないということである。シルベスター・スタローンが、映画「ロッキー」の中で相手に勝つために「オレは主役だから負けられないんだ」と、相手から〝勝ち〟を買う必要がないのと同じだ。

これは大袈裟《おおげさ》に言っているのではなく、本当に同じなのだ。映画のように細かくシナリオが決まっているわけではないが、勝ち負けとおおよその流れは決まっている。レスラーにとって、プロレスは年間一〇〇試合以上（私が現役レフェリーの頃は二〇〇試合以上）こなす職業だ。どんなに頑丈で気丈な人間であっても、三日に一度も命がけの真剣勝負などできるはずがない。だから、私はヒクソン・グレイシーの〝四〇〇戦無敗〟も信用しない。宮本武蔵《みやもとむさし》でさえ、本当の真剣勝負をやった回数は生涯で六〇回程度だと言われている。

戦前のプロレス、ジョージ・ハッケンシュミットとフランク・ゴッチが闘った時代から、プロレスの内部においては「どちらが強いのか」などという命題はなかった。プロとして競《きそ》い合っているのは、昔も今も「どちらが上手《うま》いか」ということだ。

いつ、どんなふうにして、闘いがプロレスというショーになったのかは定かではない。おそらく歴史にして一〇〇年くらいだと思うが、興行というビジネスをしていくうえで、誰かが考え出したか、あるいは暗黙のうちに、このようなショー形式になっていったのだろう。

確たる記録がないのは当然といえば当然だ。誰も自分が携《たずさ》わっている世界の〝八百《やお》長史《ちょうし》〟など残したいとは思わないだろう。

しかし、スポーツとして見るから八百長と言われるのであって、これを最初からショーだととらえれば八百長ではない。八百長をやっている怪しげな集団なのか、完成されたエンターテインメントを披露しているプロフェッショナルなのか。そこが曖昧《あいまい》なために、市民権を得られないのが日本のプロレスではないだろうか。

ショーをやっているからといって、プロレスラーが弱いわけではない。むしろ強すぎるがゆえに、ショーを成立させるための暗黙の取り決めが必要になったのだ。より素晴らしいショーを見せるには、それだけの鍛錬を積み、〝強さ〟を身につけておく必要がある。ただ、それは、あくまでもファンを楽しませて、夢と感動を提供するための手段だ。強さは手段であって目的ではない。だから、プロレスはスポーツではなくエンターテインメントなのだ。

よくレスラーがファンから「プロレスって本当は八百長なのでは……」と、恐る恐る質問されることがある。そんなとき、胸を張って「真剣勝負だよ」と言えるレスラーはいない。

「なにっ。それじゃあ俺と勝負してみるか、この野郎」

以前、アントニオ猪木《いのき》さんがＴＢＳの「ここがヘンだよ日本人」というテレビの討論番組に出演していて、同じような質問をしたアメリカ人にヘッドロックを決めて、悲鳴をあげさせていた。

しかし、トレーニングを積み重ねたプロレスラーが素人《しろうと》を痛い目にあわせることで、なぜ「プロレスは真剣勝負」の証明になるのか。

実は、今だからこんなことを言える私も、新日本プロレス在籍時には同じようなことを何度もしたことがある。猪木さんが素人に決めたヘッドロックは、プロレスラーの体力と技術にモノをいわせた言い訳でしかない。

プロレスは立派なエンターテインメントなのだと胸を張って情報公開をしない限り、プロレスラーは永遠に悩み苦しむことになる。

私は今、日本のプロレスは大きな曲がり角にきていると思う。このまま格闘技を装《よそお》って嘘を貫《つらぬ》き通すか、それとも勇気を出して、新しいプロレスの時代を切り開いていくか。

私はぜひとも後者を選択してほしい。そもそも嘘を貫くこと自体、もう無理なところまできていると思う。

アメリカから約一〇名のプロレスラー（ボビー・ブラウンズ、ハロルド坂田《さかた》など）が、進駐軍の慰問《いもん》のために来日したのが今から約五〇年前。そこに力道山《りきどうざん》が弟子入りして、日本のプロレスは産声《うぶごえ》をあげた。もしも、今までどおりのプロレス界だとしたら、〝プロレス一〇〇周年〟の西暦二〇五一年にはどうなっているだろうか。はたしてプロレスは存在するだろうか。

将来のプロレス界の発展、そして、私が長年同じ釜のメシを食ってきた仲間や後輩たちのために、そしてファンのために、今こそ業界のリーダーたちが、大きな夢を持って決断をするべきときだと思うのだ。

二〇〇一年一二月

ミスター高橋

目次◉流血の魔術 最強の演技

文庫版まえがき 3
まえがき 6

第一章 プロレスというドラマの演出

伝説の猪木vs.ロビンソン戦の内幕 22
勝ち役と負け役はこうして決める 26
マッチメイカーには誰も逆らえない 29
長州が〝プロ格〟を否定してきたわけ 32
業界の掟〝ケッフェイ〟とは 35
新日本プロレスという企業の体質 38
〝新宿・伊勢丹前事件〟のシナリオ 41

四週間かけてアンドレにギブアップを承諾させた　47
猪木さんも本当に喜んでくれた　51
限りなく喧嘩に近いアングル　55
マッチメイカーの長州には悪いことをした　59

第二章　闘魂の燃やし方

テレビ局との不即不離の微妙な関係　64
負けはOKでも放送はNGだったバックランド　68
NWFベルトは一本一万ドルなり　70
石を投げればチャンピオンに当たる　74
猪木さんが出したバトルロイヤル禁止令　76
異種格闘技戦でも勝敗は決まっていた　79
空手着の着方も知らない覆面の〝空手家〟　81
猪木vs.アリ戦こそ正真正銘のセメント　84

猪木さんが最後まで拒否した真剣勝負 88
チョチョシビリ、ウェップナーとの入念なリハーサル 91
異種格闘技戦の幕切れ 94
猪木さんがグレート・アントニオに仕掛けたシュート 96
強きを助け、弱きをくじく〝燃える闘魂〟 99
アングルの失敗と成功の境目 102
アンドレ自身も楽しんだマシン軍団入り 105
橋本vs.小川戦はこう見た 108
〝強さ〟を兼ね備えたエンターテインメント 111

第三章 プロレス最強伝説の虚と実

無意味な最強論争 116
団体を引っ張るエースに必要なもの 119
負け役＝ジャブボーイたちの反乱 121

シュートの心得は不可欠　125
今は若手がいきなり〝ハイスパット〟の練習をしている　127
〝雪の札幌・藤原テロリスト事件〟のストーリー　130
あの暴動は藤波さんがジャブを拒否したから起こった　135
最後まで実現しなかった猪木vs.前田戦　138
新日マットではU戦士の試合だって〝ウォーク〟だ　141
レスラーは自分が〝最強〟ではないことを知っている　144
アンドレをびびらせた本物の横綱の立ち合い　147
ゴッチはプロレスの神様ではない　150
バーリ・トゥーダーから逃げた〝神様〟と〝闘魂〟　153
ロートルを引退させられない業界の事情　156
猪木さんと長州の決定的なセンスの差　160
一流レスラーは投げられ上手　163

第四章　本物の血を流すアクションスター

カミソリの刃でサッと切り裂く　168
だからプロレスは一〇〇年も続いてきた　171
〝ジュース〟は毒にも薬にもなる　175
忘れられない黄金コンビの〝ジュース〟競演　178
シンの腕折り、猪木さんの目つぶし……数々の演出　181
〝セール〟を嫌ったレスラーをタイガーマスクが制裁　184
長州のG1初優勝に隠された迫真の演技　187
ブロディのタッグリーグ戦ボイコットの裏側　189
坂口さんの猪木さんに対する「人間不信」の真相　193
大巨人伝説の崩壊を救った大芝居　197

第五章　キング・オブ・エンターテインメント

アメプロこそ真の実力主義　200

今の新日本プロレスはお役所と同じ　202

藤田がPRIDEと新日本の二股をかける理由　205

プロレスは世界最強の芝居なのだ　208

三〇年前の看板にしがみつくのは愚の骨頂　213

早くプロレスの真実を公開したほうがいい　215

ターザン山本さんの指摘は否定できない　218

新日本プロレスの危険な驕り　221

テレビ局の垣根がなくなってきたからこそ　224

今のプロレス中継の解説がつまらないのは当たり前　228

史上最強のプロレス団体WWEから学ぶこと　232

猪木&新間コンビに最後の大仕事をしてほしい　236

格闘技で名誉を取るか、プロレスで金を取るか　241
幻に終わった対ジャッキー・チェン戦　244
ショーだからこそ発揮できる魅力　247
次の五〇年のための構造改革を　249

流血の魔術　最強の演技

──すべてのプロレスはショーである

第一章　プロレスというドラマの演出

伝説の猪木vs.ロビンソン戦の内幕

プロレスの勝負をつくるのは、マッチメイカーとレフェリーの仕事だ。といっても絶対的な権限を持っているのはマッチメイカーであり、レフェリーはマッチメイカーの指示に従って、試合をする選手同士の意思疎通をはかる。

実は、私はレフェリーだけではなく、マッチメイクを担当していた時期がある。最近のファンにとっては、新日本プロレス時代の〝現場監督〟長州力《ちょうしゅうりき》＝マッチメイカーというイメージが強いかもしれない。

その長州がマッチメイカーの座から降り、マッチメイクが蝶野正洋《ちょうのまさひろ》を中心とした合議制に変わった。また、ジュニアヘビーの試合については、ずいぶん前から獣神《じゅうしん》サンダー・ライガーがマッチメイクに携《たずさ》わっているようだ。

一日の全試合について、マッチメイカーはカード編成と勝ち負けを決める。どこまで細かく指示するかはケース・バイ・ケースだが、この技で決めろ……とフィニッシュまで独断で決めてしまうこともある。

その内容をレフェリーに伝え、レフェリーが両サイドの選手に対して、勝ち役、負け役を伝える。言葉には出さず、勝つレスラーには「お前がこっち」と親指を上げて合図する。反対に負けるレスラーには親指を下げるのが合図だ。マッチメイカーがレフェリーに指示するのも同じ方法だ。

私がメインレフェリーをしていた頃は、特別な事情がない限り、対戦相手の外国人選手と日本人選手が試合前に顔を合わせることはなかった。これは、緊張感をなくしてはいけないという猪木《いのき》さんの方針によるものだった。だから私は、いつも試合前の会場を走りまわり、日本側と外国人側の控え室を行き来して、伝書鳩のような役割を果たしていたものだ。

初対戦で重要な試合である場合や、デスマッチ形式の特殊な試合をするときなど、試合がスムーズに進むかどうか不安なときは、闘う者同士が直接打ち合わせをした。猪木さんがひそかに外国人選手の宿舎を訪ね、私の部屋で対戦相手を含めた三人で打ち合わせをしたこともある。

たとえば、ビル・ロビンソンとのたった一度の試合がそうだった。あの試合を名勝負と言う人は多いが、私から見れば、あの流れるような技の攻防は、二人の〝名演技〟だったと思う。

お互いの仕掛ける技を一度も失敗せずに受け、次の展開に移っていく。水の流れのように上から下へ、何のひっかかりもなく六〇分が過ぎたという印象だ。

あの試合こそストロングスタイルの象徴と言う人もいるが、もしもストロングスタイルを少しセメント（真剣勝負）に近いものと仮定するなら、猪木vs.ロビンソン戦はストロングスタイルの対極だ。あんなに美しく投げが決まることなど、シュートの世界ではあり得ないからだ。

ロビンソンとの打ち合わせでは、そもそも勝負は痛み分けのドローと決まっているのだから、もめることはいっさいなかった。見せ場をどうつくるかといった試合の進め方だけを話し合えばよかったのだ。

ところが、その後、猪木さんも私も、そして新日本プロレス全体がロビンソンに怒りを感じるような出来事があった。ロビンソンがジャイアント馬場《ばば》さんの全日本プロレスに引き抜かれた後、すぐに馬場さんと一騎打ちをして、あっけなく敗れたのだ。

たしか、その後、馬場さんはロビンソンとあまり試合をせず、当時は馬場さんの下のポジションにいたジャンボ鶴田《つるた》をロビンソンの好敵手としてカードを組んだ。

馬場さんとしては、猪木さんと闘わずして「俺は猪木より格上」ということを、ロビンソン戦を通じて見せる狙いがあったのだろう。

これは大木金太郎《おおききんたろう》（キム・イル）さんとの試合にも言えることで、猪木さんは大木さんを熱戦の挙げ句に倒したが、馬場さんは大木さんのよさを引き出さずに勝ってしまった。試合で相手を光らせる術《すべ》に関しては、馬場さんは猪木さんと双璧だったのに、わずか数分で注目の大一番を終わらせたのだ。

ロビンソン戦、大木戦から、馬場さんはクールな言動とは裏腹に、猪木さんを十分に意識して頭脳で闘っていたことがわかる。

新日本では、大木さんはともかく、ロビンソンは天下の猪木さんと引き分けさせたのだ。これは外国人レスラーとして最大級の扱いだ。

ところがロビンソンは、どんな条件を提示されたのか知らないが、新日本の姿勢を踏みにじり、全日本の軍門に降った。当時の私たちからすれば、本当に腹立たしい出来事だった。

しかし、新日本プロレスを離れた今になって考えれば、ビジネスライクな外国人にとっては当然の選択だったのだと納得がいく。そうやって誘われて渡り歩けたのは、ロビンソンが高く評価されていたからこそなのだ。

勝ち役と負け役はこうして決める

勝ち負けの決め方についての話を続けよう。

現在の新日本では試合前に選手同士が会って、「俺がこういうふうにして勝つ」「じゃあ俺がこんなふうに受けて負ける」……といった打ち合わせをしている。これは気心が知れている日本人同士の試合が中心になったことも一つの理由だろう。

勝負を決めるのはマッチメイカー、勝負をつくるのはマッチメイカーとレフェリーだとすれば、試合をつくるのはあくまでもレスラーだ。

いくらマッチメイカーがうまく指示しても、レスラーのセンスと技量によって、試合は名勝負にもなれば、しょっぱくもなる。だからこそ、レスラーの実力というのは、「強さ」ではなく「上手《うま》さ」で測られるのだ。

ただ、いくらショーとはいっても、観客にショーだと思わせないのが今までのプロレスだ。しかも、人間は負けるよりは勝つほうが気分はいい。みなプロだから多くの場合は問題にはならないが、中には、いろいろな事情や対戦相手との関係から、負けをしぶるケースもある。

こんなときは、マッチメイカーの片腕として動くレフェリーの腕の見せどころだ。

後にもふれるが、スターを引き立たせる負け役を、業界の隠語で〝ジャブ〟という。いくらこの世界のルールだからといって、いきなり外国人レスラー相手に親指を下げて「今日はお前はジャブだよ」とやってしまうと、あまりいい気はしないのが人間だ。だから、伝える側の姿勢が大事になる。「今日はお前の負けだぞ」ではなく、「今日は向こうを勝たせてやってくれるかい」と、低姿勢で話しかける。

そういう気遣いをしてあげれば、嫌な役回りでも前向きに受けとめてくれる。そして、いろいろと試合の段取りについて提案してくれる。そこまでレスラーの気持ちを乗せられるか、「今日も負けか。適当にやればいいや」という気持ちでリングに上がらせてしまうかで、試合内容は大きく違ってくる。

私は〝その気〟になったジャブのアイディアを聞いて、今度は日本側の控え室へ伝えにいく。そして勝つ側のアイディアを聞いて、またそれを持ってジャブの外国人の控え室へ。そういうことを何度も何度も繰り返しながら、ゴングが鳴る瞬間に備えるのだ。

今とは違って、昔は三本勝負が多かった。そのため事前に打ち合わせをして、一本目はこうなる、二本目は、三本目は……と頭に入れさせても、試合中に忘れてしまうレスラーが多かった。

自分が勝つか負けるかということくらいは覚えているが、「さて、どうするんだっけ？」と、試合中、ハイスパット（業界用語で試合の見せ場のこと）やフィニッシュ（勝負のつけ方）がわからないまま闘っていたりするわけだ。

私の経験上、レフェリーをしていると、レスラーが段取りを忘れていることは、その動きでわかる。そんなときは、試合中でもギブアップの確認や反則の注意をしているようなふりをして、フィニッシュに持っていくまでのストーリーを耳元でささやきつづける。

私のレフェリー生活の中で最悪の忘れん坊だったのが、長身の黒人レスラーとしてメインを張っていたアーニー・ラッドだった。

猪木さんとラッドがNWFヘビー級タイトルを賭けて札幌中島スポーツセンターで闘った試合でのこと。ボディチェックの最中に、ラッドが私を上から見下ろしながらつぶやいた。

「ピーター（外国人レスラーが呼んだ私のニックネーム）、オレ、忘れちゃったよ」

「えっ、何を忘れたんだい」

「全部……」

ボディチェックのとき、レスラーの身体を触りながら、いろいろ話している光景をご存じだろう。ルール説明でもしているように見えるが、実はこんな会話をしているときもある。

猪木さんとラッドの試合のときは、状況を見ながら、小声でハイスパットとフィニッシュの指示を続けた。このラッドという男、仕事の取り決めは忘れるが恩は忘れないやつで、その日の晩、「サンキュー」と言って、私にビールをおごってくれた。

マッチメイカーには誰も逆らえない

もう一人、いろいろなアイディアを自分で考えすぎるために、頭の中で整理がつかず忘れてしまうのが大木金太郎さんだった。

大木さんは、いつも試合前になると早めに私を呼び、いくつものハイスパットを説明してくれる。

「いいかい、高橋《たかはし》君、俺があいつをロープに飛ばして、返ってきたところをボディにヘッドバットを狙う。それをあいつが読んで俺の胸を蹴り上げて、さらにそれからだねえ……」

とまあこんな具合に、いつも自作シナリオを延々と説明してくれるのだ。

こっちは、どうせ大木さんは試合になったら忘れてしまうのがわかっているから、真剣に聞いているふりをして、右から左へ聞き流していた。

本当は対戦相手の意向をもう一方のレスラーに伝えるのが通常の段取りだが、大木さんの細かいハイスパットのプランは、相手に言ってもしかたがないので伝えないことが多かった。案《あん》の定《じょう》、試合になったら、いつものとおり忘れている。

マッチメイカーもレフェリーも経験した立場から言わせてもらえば、立場は明らかにマッチメイカーのほうが上だ。プロレスの世界において、マッチメイカーは、どんなスーパースターよりも、あるいは団体の経営者よりも強い立場にある。少なくともリングという現場においては、誰もマッチメイカーに逆らうことはできない。それがこの世界のルールだ。

しかし、マッチメイカーを補佐し、試合の中で選手をコントロールするレフェリーがしょっぱければ、やはり良質なエンターテインメントにはならない。そして、何よりもレスラー自身の臨機応変に試合をつくり上げる能力が必要だ。これが、ファンに夢と感動を提供できるか否《いな》かの決め手であることは間違いない。ショーなのだから、本当はAのほうが強いけれど、試合ではBが勝つ、などということは、当然あり得る。

名前を出して悪いが、たとえばジュニアヘビーの試合で、大阪プロレスのスペル・デルフィンが、みちのくプロレス時代、ケンドー・カシン（というか石澤常光《いしざわときみつ》）に簡単に勝った試合があった。格闘家として見れば、石澤は誰もが認めるセメントの実力者であり、デルフィンが逆立ちしてもかなうわけがない。

そういえば、石澤が新日本に入門したての頃、猪木さんがスパーリングの相手をして、相当てこずったことがあった。石澤は、スパーリングを見ていた長州に「お前、ちょっとは気を遣えよ」と、怒られていたものだ。

そこまで強い選手だとしても、プロレスのマッチメイクでは、格闘技における実績は関係ない。あんな弱いやつに……という不満は、職業としてプロレスを選んだ以上は、感じること自体がおかしい。前述したように、負け役であることを伝える側の配慮も大切だが、それはレフェリーとしての私サイドの心得であり、レスラーにはレスラーとしての役割を担《にな》う心得がある。

ファンの夢をこわすような言い方かもしれないが、レスラーはエンターテインメントで金を稼いでいるのだ。名誉よりも金、という割り切りがあってこそ生きていけるのだ。

長州が〝プロ格〟を否定してきたわけ

アマチュアの格闘技界で実績を積み、大きな夢を抱いてプロレスに入る。その結果、なるほど、こういう世界だったのかとわかるときがくる。純粋なセメントではないことは感じていても、この世界に入る前は、業界の仕組みを完全に知っていたわけではないから、ショックや戸惑《とまど》いもあるかもしれない。

しかし、たいていの選手は、金を稼ぐためにはこれだよな、と納得する。純粋な格闘技でメシを食べていけないことは、彼らが誰よりもいちばんよく知っているからだ。

若い頃、この壁に突き当たったのが、ほかならぬ長州力ではなかったかと思う。アマレスで圧倒的な実績をあげてオリンピックにも出場。新日本に入門後も、外国人相手にテレビ生中継のデビュー戦など、破格の扱いを受けてスター街道を進んだ。

しかし、もともと器用なほうではなく、なかなかプロとしての見せる部分を伸ばすことができずスランプに陥《おちい》った。それは実力面でのスランプではなく、精神面でのスランプだったような気がする。

真剣勝負で世界の檜舞台《ひのきぶたい》にまで上がった自分が、何のためにこんな見世物をやっているのだろう……といったような葛藤《かっとう》があったと想像する。

それは試合中でも道場でも態度に出ていた。坂口征二《さかぐちせいじ》さんと二人で北米タッグタイトルを保持しているときも、メインでタイトルマッチだというのに、「なんだよ、またメインか。前のほうで早く終わらせてもらいたいよ」なんていうことを平気で口にしていた。

その後、メキシコ遠征に出ることになったが、凱旋《がいせん》して一旗揚げようといった意気込みは感じられなかった。むしろ、私は「こいつ、帰国したら辞めるつもりではないか」と思ったくらいだ。

しかし、あれほどの実力者をこのまま腐《くさ》らせるのは、プロレス界の損失だと、誰もが考えていた。

そこで興行会議の席上、猪木さんが提案したのが、藤波辰巳《ふじなみたつみ》（現在は辰爾）さんとの〝名勝負数え唄〟だった。〝アングル〟と呼ばれるプロレスのストーリーは、このように会議の場で誰かが発案して煮詰められていくこともある。

アングルというのはプロレス界の隠語で、試合を盛り上げたり特定の選手を売り出したりするために、何らかの因縁《いんねん》や経歴などをでっち上げることを言う。でっち上げるというと聞こえが悪いが、つまりは芝居に不可欠な演出にほかならない。

あまりにも有名な長州の「俺はお前の嚙ませ犬じゃない」という名セリフも、おそらく猪木さんの片腕だった営業本部長の新間寿《しんまひさし》さんが色づけして、できあがったものだったと思う。

あれから長州は、リング上での体験を通じて、プロレスの面白さ、観客を引きつけて感動を巻き起こすプロの醍醐味《だいごみ》を見出したに違いない。

猪木さんが言うところの〝プロ格〟などという考え方を、長州はかたくなに否定して、独自のスタンスを貫《つらぬ》いてきた。それは、彼が挫折寸前で探《さぐ》り当てたプロレスの価値観を、ずっと大切に背負っているからだと思う。信念があるから、簡単に人の意見に耳を貸さない。

それを視野が狭い、かたよっていると批判する向きもあるが、少なくとも猪木さんが第一線を退《しりぞ》いた後、もし長州が現場を仕切っていなかったら、今の新日本プロレスはなかっただろう。

アマチュアは名誉の世界、プロは金の世界。どんなに名誉を勝ち取っても、それで豪邸が建てられるわけではないし、高級車が買えるわけでもない。金がなければ、なかなか金星のアッパ（美人の女房のこと）も見つからない。

夢を実現したければ、勝負にこだわらず、いい仕事をすること。どっちを取るのかはっきりしろと、長州は自分の過去を思い出しながら、心の底で思っていたのかもしれない。

業界の掟〝ケッフェイ〟とは

レスラーの人間関係は狭い。外部に漏らしてはならない秘密があるから、どうしても同じ世界の中で人と付き合いがちになる。

新弟子が入っても、「こいつは定着するな。モノになるな」という確信が持てるまでは、一線を画するのが常識だ。

先輩たちが話しているところへ新弟子がやってくる。聞かれたくない話をしている場合は、話そうとしている相手に片方が「〝ケッフェイ〟だぞ」と釘を刺す。ケッフェイといえば、かつて佐山聡《さやまさとる》（タイガーマスク）が書いた本のタイトル（『ケーフェイ』）でもある。フェイク（FAKE）の逆さ読みとも言われるが、語源は定かではない。要するにプロレス界における隠語で、「聞かれるな、注意しろ。話題を変えよう」という暗号のようなものだ。

新弟子や外部の人が近くにいるのに気づかないで話し込んでいることがある。そんなときは気づいたほかのレスラーが、少し離れた場所から「おい、〇〇、ケッフェイだぞ」と声をかけたりもする。

実は、猪木さんがバリバリの現役だった頃、地方会場の選手控え室に盗聴器が仕掛けられていたことがあった。プロレス＝真剣勝負に疑問を持ったファンが、〝八百長〟の証拠をつかもうとしたのだと我々は考えた。それからしばらくの間、全選手が神経質になり、控え室に入ると必ず盗聴器を探した。

レスラーは、部外者の存在に気づいた時点で、さっと話題を変えたり、話を中断したりする。もちろんマスコミに対しても同じだ。ちなみに昔は、ケッフェイを守る仲間だけでいられる場所を〝おんねこ〟と呼んだ。語源はまったくわからないが、これは今では完全な死語だ。

最近は、ケッフェイという言葉自体、外国人選手を含めて使うことが少なくなった。それと重なるように、業界の掟《おきて》を守る姿勢のようなものが希薄《きはく》になってきたような気がする。

私がそれを最初に感じたのは、もうずいぶん前のことだが、ソ連（当時）のアマレス軍団が未知の強豪として来日したときだ。

ふつうのレスラーとは違う、何をしてくるかわからない、受け身のとれないスープレックスを使う。いったいどう対処するんだ……。恐怖だ、脅威だとマスコミに宣伝しながら、琵琶湖《びわこ》畔にある佐川《さがわ》急便の保養所を借りて（佐川急便は猪木さんのスポンサー）、日ソ合同で楽しく練習もしたし、芸者さんを呼んで宴会までやった。どう考えても、これから闘う未知なる強敵相手という雰囲気ではなく、新日本プロレスも変わったなあと思ったものだ。

それだけではない。巡業先では、日本陣営と同じ宿に泊まらせ、気心の知れたマスコミ関係者も交えて、一緒にチャンコ鍋を囲んでドンチャン騒ぎをやらかした。

今思えば、誰よりもケッフェイに厳しかった猪木さんが、部外者に対する線引きを曖昧《あいまい》にしはじめたのが、ちょうどこの頃だった。

多くの人が知るように、猪木さんはプロレス以外の事業に手を出し、いろいろな場所で支援者を集めていた。そういう人たちが会場を訪ねてくることが次第に増え、控え室で話す様子も見受けられるようになった。それまで「絶対に素人《しろうと》を控え室に入れるな」と言っていた猪木さんが、自ら規律を破ってしまったのだ。

それが世代による意識の違い、世の中の情報化によって、どんどん進んでいるのが今の状況だと思う。その結果、もうプロレスが純然たる真剣勝負だと信じているファンは、おそらく多くはないだろう。それなのに無理にポーズをとって、〝キング・オブ・スポーツ〟と見得《みえ》を切りつづけることが発展につながるのだろうか。そうではないだろうと私は考えている。

新日本プロレスという企業の体質

前著（『プロレス 至近距離の真実』講談社+α文庫刊。以下同じ）に書いたように、私はレフェリーであると同時に外国人レスラーの世話係として、いつも来日中のレスラーたちに付き添っていた。

タイガー・ジェット・シンのようなヒール（悪役）のレスラーは、絶対に一般の人と接触させなかった。もちろんサインや握手、記念撮影などはもってのほか。「ケッフェイの部分は絶対に守ってくれ」と、常に猪木さんは言っていた。

日本人でありながら、私には、いわゆるタニマチのような人間関係の人は一人もいない。いつも外国人レスラーと行動していて、巡業先での部外者との交流をシャットアウトする役目を負っていたから当然だ。そういう努力が外国人レスラーのイメージづくりに貢献し、試合の緊張感を高めたことは間違いないと自負している。

しかし、時代は移り、一度くずれてしまったものは、もとには戻せない。プロレスに緊張感がなくなったと言われるのは、スポーツ性を重視した総合格闘技やK－1の登場だけが理由ではないと思う。プロレス界内部の変化が、緊張感という大きな魅力を奪い取ってしまったのだ。

新日本プロレスについて言えば、業界を引っ張るメジャーであるということで、インディー団体を「あれはプロレスではない」とこきおろし、差別化をはかってきた。かつて、大仁田《おおにた》厚《あつし》が東京スポーツ新聞社のプロレス大賞で何かの賞に選ばれたときは、新日本勢は大仁田と一緒に並ぶのを嫌って、授賞式をボイコットまでした。

だが、そういう時代も、大仁田の新日本マット登場を機に完全に終わったと言うべきだろう。単独興行さえ困難になりつつある昨今のプロレス界では、もはやメジャーとインディーの区別などないに等しい。

もとよりメジャーとインディーの違いというのは、組織の規模の違いであって、中身の違いではない。レスラーの力量差は個人の問題であり、プロレス自体の本質的な中身は同じだ。

明らかに弱いはずだった者が、強いはずだった者に勝ったり引き分けたりする。それを「なぜだ? おかしいじゃないか?」と言うファンもいるし、安易にインディーと交わることを〃ストロングスタイル〃を忘れたと嘆《なげ》くファンもいるようだ。

しかし、よくも悪くも、それが新日本プロレスの体質なのだ。いわゆるストロングスタイルにせよ、異種格闘技戦にせよ、信念によってではなく、ライバル団体をつぶすため、時代の要求に応えるために取り組んできた〃商法〃だ。インディーと交わることが利益になると思えば交わる。それが新日本プロレスの企業としての強さだったのだ。

とはいえ、プロレスとは何かという本質をごまかしたまま、小手先の商売が長続きするとは思えない。ビジネスライクだと言われる新日本プロレスが、本当にビジネスに徹することができるかどうかは、このテーマにどう対処するかでわかるような気がする。

〝新宿・伊勢丹前事件〟のシナリオ

私の書いていることが、プロレス界を去った人間の業界に対する誹謗中傷《ひぼうちゅうしょう》でないことを、ぜひ読者のみなさんにはご理解いただきたい。

ここまで書くと、ファンとしては信用したくないという気持ちも生まれるのではないかと思うが、私が嘘を書くメリットは何もない。すべて真実だ。そのことについて納得のうえで読み進めていただけるよう、このへんで実例を出してプロレス物語のつくり方をご紹介したい。

まず一つは、私にとって誰よりも思い出深い外国人レスラー、タイガー・ジェット・シンを売り出した世紀の大アングルだ。

新宿の伊勢丹《いせたん》前で、猪木さんが当時の奥さんである女優の倍賞美津子《ばいしょうみつこ》さんと買い物をして、店から出てきたところをシンに襲われた。この、通称〝新宿・伊勢丹前事件〟については、プロレスファンで知らない方はいないだろう。

シリーズ中の休日で家にいた私は、この猪木さんが考えたシン売り出しのアイディアを、外国人レスラーの移動バス（当時は小さなマイクロバスだった）の運転手を通じて電話で聞かされた。

「高橋さん、実は猪木さんから、〝高橋と一緒に一つうまくやってくれ〟と言われていることがあるんですよ……」

運転手は、猪木夫妻が伊勢丹で買い物をして出てくる時間、シンによる猪木さんへの襲撃、逃走劇のあらすじなどを一気に話した。

その日、くだんの運転手が運転するクルマにシンと一緒に乗り込み、現場近くで約束の時間を待った。時計を見ながらシンに指示をすると、シンは脱兎《だっと》のごとくクルマから飛び出した。もちろん私と運転手はクルマの中で待機していた。

伊勢丹から出てきた猪木さんを、シナリオどおりにシンが襲った。ガードレールに猪木さんの頭をぶつけ、猪木さんが流血する。この流血にも仕掛けがあるのだが、そのことについては第四章で詳しく説明する。ここではシンが流血させたのではなく、猪木さんが自分で自分の額《ひたい》をわざと切ったのだとだけ書いておく。

そんな猪木さんを見ながら、倍賞さんが大声を出して助けを求める。当時、どこまで倍賞さんが猪木さんからプロレスの内情を聞いていたかは定かではないが、おそらく襲撃の仕掛けは知らされていただろう。そこはさすが大女優、演技はレスラーも見習わねばならないほどの出来映《できば》えだった。

猪木さんを負傷させた（ことになっている）シンは、大急ぎで私たちの乗ったクルマに戻り、犯行を指示した私（つまり主犯？）とともに逃走した。私は一緒にいるところを見られるとまずいので、西新宿の京王《けいおう》プラザホテルでシンを降ろして自宅に帰った。

もちろん、会社に対して警察の事情聴取があったが、「内部の問題なので」と適当にごまかして事件にせず、シンは追及を免《まぬか》れた。

翌朝の新聞は、狂気の外国人レスラーの犯行について書きたててくれた。スポーツ紙だけではなく、一般紙までが大々的に、だ。これぞまさしく猪木さんが狙っていたアングルだった。嘘の事件をつくり上げ、警察を出動させたのだから、完全な犯罪だ。

これにはもう一つ逸話がある。実は、シンが私の待機するクルマに戻る途中で、走ってきたタクシーにはねられそうになったのだ。それはもうコンマ何秒のタイミングで生死を分けた。

もしかしたら、これはシンの生死だけではなく、新日本プロレスの生死も分けたと言えるかもしれない。あのときシンが死ぬか大ケガをしていたら、事の経緯を厳しく追及されたのは間違いない。そうなれば、当然、会社としてはプロレスのアングルを説明せざるを得なくなっただろう。そういう意味で歴史を左右する、背筋の凍《こお》るような瞬間だった。

ともあれ、知名度のあるスター外国人レスラーがおらず、マッチメイクに苦労していた新日本プロレスにとって、このアングルは、観客動員と視聴率アップの起爆剤になった。

新日本プロレスの、というか猪木さんの持っていたパワーは、つまりはこういうものなのだということがおわかりいただけるだろうか。ビジネスで勝つためなら、世間も警察もマスコミも欺《あざむ》き、できることは何でもやる。ずっと後に大仁田厚がやりはじめたようなことを、もっと大きなスケールでやっていたのだ。

シン売り出しのアングルは、この有名な伊勢丹前事件のほかにもたくさんある。シンと私は、いつも阿吽《あうん》の呼吸で〝インドの狂虎〟の大芝居をやっていたものだ。

たとえば、新日本の営業部でアルバイトをしていた若者を血の気の多い客に仕立て上げ、会場でシンを挑発するように命じた。その若者は怖いと言って嫌がったのだが、「絶対に殴ったりはしないから大丈夫。シンも君を威嚇《いかく》するだけだから」と口説いてやらせた。

もちろんそれでは意味がない。アルバイトの青年、坂本《さかもと》君という名前だったが、興奮したふりをして、リングに上がっていったところを（本当のハプニングなら、この時点でセコンドの選手に阻止される）シンに殴られて、相当に痛めつけられてしまった。まさしく噛ませ犬になってもらった坂本君には、この場を借りて謝っておく。もう遅いけど。

これも「やはりシンは狂虎だ。本当に何をするかわからないやつだ」というイメージを強めた一幕だった。

また、シンのトレードマークだったサーベルや、コブラクローといったフィニッシュ技の演出も、すべて猪木さんのアイディアだった。

もう一つ蛇足《だそく》になるが、面白い話なので付け加えておきたい。

新宿・伊勢丹前事件の大成功を見て、「ウチもこれでいこう」と考えたのが、経営が傾《かたむ》きはじめていた国際プロレスだった。

当時のエースはラッシャー木村《きむら》さんで、抗争相手はリングで人を殺したことがあるというふれこみのオックス・ベーカーという選手。札幌で行われる二人の金網デスマッチを宣伝するため、ススキノの繁華街の一角で国際プロレス版〝新宿・伊勢丹前事件〟を決行しようとした。

ところが、木村さんが約束の場所に来ても敵が現れない。そのまましばらく木村さんは襲われるのを待っていたらしいが、いつまでたっても来ないので、あきらめて帰ったそうだ。

実は、その頃ベーカーは、路地を一つ間違えて、別の場所で木村さんを待っていた。私はその話をずっと後になって、新日本で活躍したアニマル浜口《はまぐち》さんと寺西勇《てらにしいさむ》さんから聞いて、腹を抱えて笑った。

「まったく、ベーカーのバカ野郎が。だけど苦肉の策とはいえ、すぐに真似する俺たちも俺たちだったよなあ」

と、浜口さんと寺西さんも笑っていた。

四週間かけてアンドレにギブアップを承諾させた

前著で中途半端な書き方に終わった部分を、ここではっきりさせておきたい。

猪木さんが、初めてアンドレ・ザ・ジャイアントからギブアップ勝ちを奪った名古屋での試合だ。ここまで読んでいただければわかるように、当然、この試合も猪木さんの勝ちと決めて行われた試合だ。

しかし、相手は不敗を売り物にしているアンドレだ。いくらマッチメイカーの言うことが絶対でも、彼のキャラクターを考えると、簡単に「イエス」と言わせられる話ではなかった。

試合は一九八六年六月一七日、第四回ＩＷＧＰヘビー級王座決定リーグ公式戦Ａグループで決勝進出を決める大一番という設定だった。

このような試合なので、シリーズ前からカードの日程は決まっていて、ここらへんでなんとか猪木さんに勝たせたいと、私は勢い込んでいた。もちろん当の猪木さんも、アンドレから初めての完璧な勝利を望んでいた。

実は猪木さんも私も少しあせっていた部分があった。それは、アンドレがそろそろ下り坂に入ったという印象を持っていたためだ。その印象がファンにも伝わりはじめてからでは、アンドレ戦の猪木初勝利の価値は半減する。だから、なんとか今のうちに勝ち星を、という思いが強かった。

来日早々、私がアンドレに話を向けた。しかし、アンドレは一言「ファック・イット」と言ったまま、後は何も言わなかった。それが「ノー」の意思表示であることは明らかだった。

それから巡業が始まり、私は決戦の名古屋までの四週間、夜な夜なアンドレの酒に付き合った。こっちもいける口ではあるが、アンドレの相手をするのは並大抵のことではない。飲ませれば、いつまでだって飲んでいる。たとえではなく、本当の意味で底なしなのだから恐ろしい。

こっちは体力が切れてフラフラになってくる。するとアンドレが「もう帰って寝ろよ」と言う。隣でアンドレと仲よしのディック・マードックがニタニタ笑っている。ここで一回でも先に帰ったら挫折したことになるから、最後まで粘って、毎晩、アンドレと飲み明かした。ただし、ときどきしつこい私を嫌って、アンドレとマードックにまかれて、置いてきぼりを食らう日もあったが。

猪木さんは巡業中、ずっとアンドレの意向を気にしていた。会場で私と顔を合わせるたびに、

「どうだ、アンドレはOK出したか？」

と聞いてくる。

「いいえ、まだです。もう少し待ってください」

私は、そう答えるしかなかった。

とうとうアンドレは、決戦前夜の酒の席でもイエスとは言ってくれなかった。

ところが、こうして迎えた当日、私が愛知県体育館の外国人控え室へ入ると、アンドレが自分から近づいてきた。あの顔で笑いながら、

「ピーター、わかったよ」

と言ってくれたのだ。細かい打ち合わせをしないまま、一目散に猪木さんの控え室に向かった。アンドレが承諾したことを知ると、猪木さんは本当に嬉しそうだった。

「じゃあ、高橋、どうやって勝てばいいんだ？」

「とりあえずアンドレがOKしたことだけを知らせにきたので、これからまた戻っ

て、アンドレと話をします」

私はそう言ってアンドレの控え室に戻った。

「ピーター……」

いつものように、マードックとカード遊びに興じている手を休めて、あの野太い声で話しはじめた。

「ピンフォールはだめだ。イノキに腕を極《き》めろと言ってくれ。それでオレがギブアップする」

しかし、アンドレの巨体をまたいで逆十字など極まらない。体格が違いすぎるから、いくら同意のうえであっても、絵的に嘘っぽすぎるのは明白だ。

「で、どんなふうに腕を極めればいい？」

私が聞くと、アンドレが床にごろんと寝転がり、あの巨体を動かしながら身ぶりを交えて説明しはじめた。

猪木さんがアンドレの背中に乗るようにして、片腕を極めたアームロック。あの歴史的なフィニッシュは、アンドレ自身が「こんなふうにしろ」と私に指示をして、それを猪木さんに伝えてできあがったのだ。

猪木さんも本当に喜んでくれた

アンドレのアイディアを猪木さんに伝えると、しきりに感心して言った。

「さすがだなあ、あいつの腕を極めるんだったら、それしかないよなあ」

とにかくきれいに勝てればOKの猪木さんにとって、アンドレの一方的なアイディアをのむことには何の異存もなかった。

ほっと一安心した私は、欲を出して、もう一つ提案した。

「猪木さん、ボディスラムを一発、なんとか受けてもらえるように、アンドレに話しておきます」

初勝利に花を添えるために、〝猪木が初めてアンドレを投げる〟というシーンをつくりたかったのだ。

「いやあ、それは受けないだろうよ、いくらなんだって」

猪木さんは謙虚に否定したが、すでに田園《でんえん》コロシアムでの試合で、スタン・ハンセンがアンドレをボディスラムで投げたことがあった。また、私はフロリダでも、アンドレがハーリー・レイスのボディスラムを受けたのを見たことがあった。これが当時のフロリダでの黄金カード、アンドレvs.レイス戦における最大の見せ場だったのだ。

私が話を続けるうちに、猪木さんは相好《そうごう》をくずして、

「いやあ、それができたら、俺、もう最高にいいよ……」

またアンドレのところへ行って話すと、

「えっ、イノキは力がないから、ボディスラムは怖いよ」

と言う。アンドレから見れば華奢《きゃしゃ》な猪木さんでは、頑強なハンセンやレイスのようには投げられないと思ったのだ。

「いや、ああ見えても猪木さんは、ここ一発のタイミングで力を出して投げるのは上手いんだよ」

私はアンドレを説得した。するとアンドレはしばらく考えて、少し心配そうな様子ではあったが「わかった、OK」と承諾してくれた。

またもや大急ぎで猪木さんのところへ行き、アンドレの返事を伝えた。すると調子に乗ったのか、猪木さんは自分から再提案してきた。

「それじゃあもう一つ、アンドレに頼んでほしい。投げはしないから、アンドレを肩車で担《かつ》がせてくれないか。ファンが驚くと思うんで……。投げるまではしないから

と、アンドレに言ってみてくれ」

それをアンドレに伝えると、

「ファック・ユー。オマエの細い足が折れるよ。そう言っておけ」

ファック……は伝えず、アンドレは「ノー」だったとだけ猪木さんに返答した。

「そうか、じゃあいいよ。OK」

さすがに猪木さんも納得した。

こうしているうちに、「大巨人のテーマ」と「イノキ・ボンバイエ」（「炎のファイター」）が鳴りはじめた。この時点で、もう私の仕事は半分以上終わっていた。

たしか、試合の前半は、アンドレが攻めて猪木さんがやられる側、我々の言う〝セール〟にまわって防戦が目立つような展開だったと記憶している。そこから逆転に持っていって、記録によると九分三〇秒、段取りどおり腕固めでアンドレからギブアップを奪った。

試合が終わって控え室に戻ると、若手が私のところに走ってきた。

「高橋さん、猪木さんが呼んでいます」

試合後すぐに猪木さんから呼ばれることなどめったにない。何事かと思ってドアを開けると、猪木さんは自分から私の手を握り、「高橋、今日はありがとう」と言葉をかけてきた。

アンドレと丸々一ヵ月、酒を付き合って、やっと口説き落として得た勝利。その苦労を猪木さんはわかってくれた様子だった。よほど嬉しかったのだろう。

今さら愚痴《ぐち》を言うつもりはないが、こういうときの酒代はすべて手相撲《てずもう》（業界用語で自腹のこと）だ。外国人はセパレーツ（割り勘）が常識だから、アンドレのぶんまで出す必要はなかったが（そんなことをしたら三日で破産だ）、それでもアンドレに付き合う酒量だから、金額は半端ではなかった。きついのは体力だけではなかったのだ。

この話には後日談があり、実は、私がアンドレを説得するために毎晩酒に付き合っていたことは、営業本部長だった新間さんが、ニューヨークのビンス・マクマホン（現在のWWEのボスであるビンス・マクマホン・ジュニアの父である先代）に逐一《ちくいち》報告していたという。

新間さんは、マクマホンから「ピーターがアンドレを口説き落としたならば、こちらは何も言わない。アンドレの意思を尊重する」という言質《げんち》をとってくれて、後々トラブルにならないように、私のことを陰ながらフォローしてくれていたわけである。

アンドレがピンフォールを嫌い、ギブアップを承知したのを不思議に思う人もいるかもしれない。しかし、アンドレの意識の中では、自分が押さえ込まれてカウントを取られることが、何よりの屈辱と受け取ったのだろう。

もしもあのとき、最後までアンドレが納得しなかったら、けっきょくは両者リングアウトにでも持っていくしかなかっただろう。

最初に書いたように、このマッチメイクは、アンドレの衰《おとろ》えを感じはじめていたからこそ実現したものだ。全盛時のアンドレには、猪木さんも決して自分を勝たせろという要求はしなかった。むしろ逆に無敗の大巨人伝説をつくり上げるため、新日本に初めて参戦したときには、自ら進んでジャブになっていた。

だから、プロレスの内部から見れば、本当はどちらが強いといった話は興味の範疇《はんちゆう》外《がい》なのだ。お互いが自分の役割を演じながら、一つのドラマをつくっていくのだ。

限りなく喧嘩に近いアングル

私にとって忘れられない名勝負——数えあげたらきりがないが、その中に絶対に入れておきたいのが、小林邦昭《こばやしくにあき》と斎藤彰俊《さいとうあきとし》のプロレスvs.空手の抗争だ。

実は、この話は前著にも書いた。しかし、読んでくださった方には大変申し訳なかったのだが、あの本には真相を書くことができなかった。まさにマッチメイクの根幹にかかわる部分だったからだ。

そこであらためて、ここですべてを明かそうと思う。

斎藤彰俊は、青柳政司《あおやぎまさし》が主宰する誠心《せいしん》会館という空手道場の門下生だった。当時の私はすでにマッチメイクの仕事はしていなかったが、小林と斎藤の抗争は、私が小林にアイディアを出し、小林が乗ってきたので青柳に話を持ちかけて始めたものだった。

タイガーマスクとの因縁の闘いが終わった後、長くくすぶっていた小林邦昭。まだ元気いっぱいの彼をこのまま終わらせるのはもったいない。そこで私は、体格的にも釣り合う誠心会館の選手を相手に、ハードなアングルをつくってやろうと思ったのだ。

ストーリーは、青柳が事情を知らない弟子を連れて、新日本プロレスが試合をしている後楽園ホールを表敬訪問するところから始まった。このとき、すでに青柳だけは、新日本のリングに上がった経験があった。

たわいもない雑談を交わした後、あるきっかけから、小林が青柳の弟子に因縁をふっかけて、一発お見舞いする算段だった。そのシナリオを知っているのは私と青柳、小林の三人だけだ。弟子は本当に何も知らされていなかった。新日本の選手や関係者にも秘密にした。ちなみに、このときは後に主役となる斎藤彰俊は顔を出していない。

実は当時、後楽園ホールの控え室のドアは、老朽化《ろうきゅうか》のため閉まりにくくなっていた。ちゃんと閉じたつもりでも、また開いてしまうことがわかっていた。

そこで最初に青柳が控え室を出て、続いて弟子が出てドアを閉めた後、閉めたはずなのに開いているドアを見て、小林が怒鳴りつけるという作戦だった。こうして、斎藤という片方の主役が知らないところで、大喧嘩のアングルが始まった。

「こらっ、きちんと戸を閉めていけ、このバカ野郎」

追い討ちをかけるように小林は続ける。

「館長、あんたのところでは、弟子にこんな教育しかできねえのか」

血の気の多いやつなら、必ずそこで立ち向かってくるだろうとの読みが的中した。

その機先を制して、小林が手抜きなしの掌打を弟子の顎《あご》に見舞った。その弟子はノックダウンしたまま、ビンタをかまして起こそうとしても動かない。後日、彼は顎を骨折していたことがわかった。

この頃は、マスコミもプロレスに〝アングル〟というものがあることを知っていたが、「これは絶対にアングルとは思わせないようにやろう」というのが、私と青柳の考えだった。だから、この段階では、うちの選手たちも、そしてマッチメイカーの長州も事情を知らない。

「小林さん、ちょっとヤバイですよ、のびちゃってるし……」

ほかの選手たちが、興奮している（ふりをしている）小林を制止した。こっちは、そのくらいのダメージを負わせるつもりだったから、まったく狙いどおりだ。

弟子が大ケガを負った事件の顛末《てんまつ》を、青柳は道場で門下生たちに説明した。当然、彼らにもプライドがある。うまく青柳にたきつけられた門下生たちは、今度は大阪城ホールの新日本の大会に乗り込み、会場に着いたタクシーから出てきた小林を数人で襲撃した。これも私と青柳が打ち合わせをしたうえで決行したことで、もちろん小林も知っていた。

しかし、〝襲撃犯〟たちは大真面目である。覚悟はしていたものの、複数の空手家にセメント攻撃を食らったのだから、さすがの小林もたまらない。重傷とまではいかなかったが、小林は本当にケガをして、救急車を呼ぶはめになった。

まあビジネスとしては願ったりかなったりの展開だ。

「青柳、汚いマネをするな。やるなら正々堂々と来い！」

マスコミを通じて、病床から小林がアピールした。プロレス記者も大真面目な喧嘩だと思って書いてくれていたはずで、記事にも迫力があった。

こうして、リングの上で決着をつけようという流れになり、ようやく出てきたのが一番弟子の斎藤彰俊だった。まさに私と小林、そして青柳が想定したとおり、生真面目《きまじめ》で一本気、もちろん腕っぷしも門下生ナンバーワンの斎藤が決起してくれた。

それにしても、初めての試合直前まで正真正銘の〝殺し合い〟のつもりでいた斎藤の勇気は大したものだった。

マッチメイカーの長州には悪いことをした

もちろん、リング上で本当に殺し合いをやらせるはずはない。

私は試合前、斎藤の控え室に入って一部始終を説明した。控え室では、セコンドにつく予定の門下生たちが私を取り囲み、なんとも不穏《ふおん》なムードが漂《ただよ》っていた。ほかの連中には真実を話すつもりはなかったので、斎藤と二人で話したいからと言って退出してもらった。

「これはルールのある喧嘩だ。空手の技で突こうが蹴ろうが好きにやってくれ。レスラーは何をやってもびびったりしないから。とにかく遠慮なしに思うようにやってほしい」

斎藤は〝プロ〟として、私の意図を理解してくれた。このストーリーと試合の結末だけをしっかりふまえて、あとは手抜きなしでバチバチにやりあえ、ということだ。

これから二人の抗争を売っていくわけだから、当然、この第一戦は斎藤の勝ちである。ファンにとって未知な存在である斎藤が勝つことによって、斎藤自身と抗争の商品価値が高まり、小林のリベンジへの興味がわく。そこが狙いだ。

斎藤に「プロレスをやれ」とは言っていないし、できるはずもない。だから、試合はまったく嚙み合わないギクシャクしたものになった。それが何とも言えない緊張感をつくり出し、小林の中途半端な投げが一発決まっただけで大声援が起きた。

今思えば、斎藤の素直な性格が、あのアングルを成功に導く大きな要因だったと思う。本当によくやってくれた。

二人の抗争は大反響を呼び、各地のプロモーターから「うちの会場でもやってくれ」と、カード編成のリクエストが殺到した。

しかし、結末以外は真剣勝負のノリでやっている二人の試合を、そう頻繁《ひんぱん》にやったら両者とも身体がもたない。その後、個人の闘いから新日本と誠心会館の軍団抗争に発展し、誠心会館の看板を賭けて闘う――ところまで発展した。

けっきょく最後まで、リングに上がらない青柳の門下生たちにはアングルを知らせずに通した。だから、小林と斎藤の試合で起きた場外でのセコンド間のもみ合いは、何の申し合わせもない本当の喧嘩だったのだ。

そういう周囲の張り詰めたムードが、二人の試合をいっそう緊張感のあるものにした。あれは我ながら本当に大成功だったと思う。

ところが、マッチメイカーでもないのに出しゃばりすぎたせいか、会社はこの抗争を途中でやめてしまった。新日本が軍団抗争に勝って誠心会館の看板を奪った段階で、すべてが終わってしまったのだ。これで終わったら空手道場としてはメンツがなくなるから、本当なら次のストーリーを考えるのが自然だったと思うが。

前述したように、当時はすでに長州がマッチメイカーの座についており、永島勝司《ながしまかつじ》企画部長（当時）との二人三脚でプロレスのシナリオをつくり上げるようになっていた。その二人にも小林と斎藤の喧嘩の経緯は知らせなかった。マッチメイクの権限がない私が長州に提案しても、受け入れられないだろうと思ったからだ。

だから、新日本サイドでは、「向こうが本気で向かってきたのなら、面白いから商品にしてしまえ」ということになっていたのだ。

長州が真相を知ったのは、抗争の終盤になってからだ。当然、彼らとしては面白くなかったことは想像できる。

ファンのニーズより自分の立場を優先してマッチメイクが変わること自体は、もともとこの世界では珍《めずら》しいことではない。しかし、立場を逆にして考えれば、きっと私も同じことをしただろう。マッチメイカーの職務権限を侵《おか》したのだから、その点は長州に悪いことをしたと反省している。

第二章　闘魂の燃やし方

テレビ局との不即不離の微妙な関係

ここで書いているプロレスの裏の部分は、テレビ局関係者との間でも厳しく一線を引いて隠していた。これも時代とともに変わってきているが、今でもすべてがオープンになっているわけではない。

私がメインレフェリーをしていた時代は、番組の責任者であるプロデューサーも、プロレスが完全なショーであることは知らなかった。猪木《いのき》さんを中心とする我々サイドが、その部分は絶対的にガードしていたからだ。

そこまで守りを固めたうえで、テレビの枠に合わせて試合をつくっていった。秘密を守りながら、一方では協力してエンターテインメントをつくるのだから、なんとも微妙な関係だ。

当時は生放送が多かったから、リング上にいる私にディレクターが合図を送る。「番組終了まであと五分」といった状況を伝えてくるのだ。

私はそれを見ながら、選手に知らせる。放送終了の時間が迫っているので、このあたりでフィニッシュにいこうというときは、選手の耳元で「レッツ・ゴー」とささやく。

これがアメリカでも日本でも、ファンに知られないように伝えるための共通の合い言葉だ。ちなみにメキシカンには、スペイン語で同じ意味になる「バムノス」と言う。

例外として、ジョークが大好きなディック・マードックには、「ミラータイム」と言ってくれと頼まれていた。ミラーはアメリカの有名なビールの名前。「そろそろ仕事を終わりにして、ビールを飲みにいこうぜ……」という合図だ。

しかし、ノロノロした展開から急にレッツ・ゴーでは不自然だから、その前から私自身が時間の経過を頭に入れておく必要がある。そこでリング上から目につく場所に時計がある会場では、必ずその時計の針が正確かどうかを調べておいた。

最近はスペシャル枠でしか生放送がないので、たまに見るとスタッフもレスラーも不慣れな印象を受ける。お互いに慣れない仕事をする中で、ケッフェイどころではなくなりつつあるのかもしれない。

テレビでは終わり方も大事だが、視聴率を上げるためにより注意しなくてはいけないのがオープニングだ。番組が始まるや否《いな》や、視聴者に面白そうだと思わせるインパクトが必要なのだ。

ダラダラした展開で始まってしまうと、すぐにチャンネルを替えられてしまう。チャンネルがリモコン操作になった今は、昔よりこの点が重要になっているという。聞くところでは、そのあたりを失敗して視聴率を落としているケースがかなりあるようだ。

昔は第一試合から、お前たちは一〇分、お前たちは八分、場合によっては一分でいいよと、試合時間を全部決めていった。もちろん選手はそのつもりでリングインするが、とくに若手は試合に夢中になると、時間のことなど忘れてしまう。一〇分でフィニッシュだと言ったのに一五分経過してもまだやっている、といったことがザラにあった。

そんなとき、必ず控え室からリングサイドにやってくるのが、現在、〝魔界倶楽部〟総裁の星野《ほしの》勘太郎《かんたろう》さんだった。星野さんがリングに向かってきたのが見えると、「あっ、やばいぞ。そろそろ終わらなきゃいけない」という合図だったのだ。いわば無言のタイムキーパーみたいなものである。テレビ局にはいない、実に怖いタイムキーパーだ。

自分たちでこういう工夫をしながら、テレビ局側にすべての手のうちを明かさずに、ぎりぎりのところで協力態勢をつくっていた。

今はスペシャル枠の生放送のとき以外、試合はやりたい放題という状況だ。時間の指示もゆるくなっているし、試合時間を決めておかないケースも多いようだ。だから、若手も自分のやりたいことをすべてやらないと終わろうとしない。そのために長い試合が多くなる。第一試合から大技が飛び交うようになったことは、ゴールデンタイムの生放送がなくなったこととも関係しているのだ。

生放送では試合途中で番組が終わってしまうことも少なくなかった。あれは選手が試合を終わらせることができなかったからではなく（希《まれ》にそういうこともあったが）、いつも時間どおりに終わって不自然だと思われないようにするためだった。

もちろんこれは、ファンに対する演出であると同時に、テレビ局に対する演出でもあった。

たとえば異種格闘技戦の第一弾として行われた猪木さんと柔道王ウィリエム・ルスカの試合も番組が途中で終わり、九時からのドラマか何かのときにテロップで猪木勝利の一報を流したと記憶している。あれも真剣味を出すための演出だったのだ。

負けはOKでも放送はNGだったバックランド

生放送の時間管理で忘れられないのが、ニューヨークのWWF（現在のWWE）のチャンピオンとして来日したボブ・バックランドだ。

その日の猪木さんとの試合では、バックランドが負けることになっていた。ニューヨークのボスであるビンス・マクマホンには許可を得ていたが、売り出し中のチャンピオンということで、彼も心中穏《おだ》やかではなく、しぶしぶマッチメイクを認めるという状況だった。

そのときバックランドが負ける条件として「生放送中にはフィニッシュを入れないでくれ」と彼自身が言ってきた。

それを受け入れて試合がスタートしたのだが、放送時間が過ぎてもバックランドが負けようとしない。私は何度も「レッツ・ゴー」と合図を送ったが、放送終了から二〇分くらい試合を続けたと記憶している。

最終的にはバックランドの負けで終わったが、私も腹に据《す》えかねて、控え室でクレームをつけた。どうやら問題は、この男の猜疑心《さいぎしん》の強さにあったようだ。

テレビの放送が終わっても、撮影だけは続けているので、いちおうカメラはまわっている。そのため放送中と同じ赤いライトがついているので、バックランドはまだ放送中だと思ったらしい。

しかし、ニューヨークの檜舞台《ひのきぶたい》でテレビ放送にには慣れているはずだし、いくらなんでも長すぎることくらいわかりそうなものだ。ところが「撮影しても放送はしない」と説明しても、やつは信じようとはしなかった。あれはチャンピオンのプライドではなく、生来持っている性格のような気がした。上の者にとって、人を信じない人間は使いにくい。彼がその後、若くして活躍場所をなくしていったのは、そうした性格によるところが大きいのではないだろうか。

リング上でこんな態度に出られたら、あの猪木さんのことだから、「てめえ、この野郎」とならないのか……。そんな疑問を持つ人もいるだろう。

その質問にお答えすると、絶対にそうはならない。暗黙のルールを守る、というより、簡単に言えば、猪木さんは強い外国人に気後《きおく》れするところがあったのだ。

明らかに自分より弱い相手ならともかく、そうでない限りは、自分が悪者にされるような行動には出ない。それが猪木さん一流の処世術なのだ。

どうしても文句を言いたいときは、外国人担当である私に言わせるようにしていた。しかし、立場上、本当に私の言葉かどうか相手にもわかる場合がある。そんなときは、「外国人担当のくせに、イノキの言いなりになりやがって」と、私が反感を持たれる。

試合内容だけではなく、日本滞在中の素行問題でも同じようなことがあった。私が矢面《やおもて》に立って注意したことに腹を立てた外国人レスラーと、殴り合いの喧嘩になったことが何度もある。

そうやって人を悪者にして、「猪木は嫌なやつ」と思わせないように仕向けるテクニックも、猪木さんはなかなかのものだった。

少し話が脱線したが、生放送を盛り上げるために、こんなふうに陰でいろいろなことをしていたのだ。

NWFベルトは一本一万ドルなり

新日本プロレスの歴史を飾った最初のチャンピオンベルトといえば、猪木さんがジョニー・パワーズから奪取したNWF世界ヘビー級タイトルだ。

ジョニー・パワーズはアメリカのクリーブランドを拠点に、NWF（ナショナル・レスリング・フェデレーション）という団体を主宰していた。その看板タイトルが猪木さんの手に渡った背景には、実業家としての顔も持つパワーズの事業の不振があった。

不動産関係の仕事をしていたパワーズは、事業に失敗して借金を抱えてピンチに陥《おちい》った。そんなときに猪木さんと接点が生まれ、借金返済のためにチャンピオンベルトを一万ドルで猪木さんに売り渡したのだ。為替《かわせ》が変動相場制に移行した後で、一ドルが三〇〇円くらいのときだった。つまりNWFベルトの価値は、日本円で三〇〇万円なり、ということだ。

猪木さんがベルトを奪取した時点で、もうパワーズは自分の団体を経営していくつもりはなかった。団体を維持しないのならベルトも必要ない。それで、いわばNWFという看板を換金しようと思ったわけだ。そこで興行の売り物になるタイトルマッチをつくろうとしていた猪木さんと利害が一致して、取引が成立した。これが新日本プロレス初の記念すべきタイトル獲得の内幕だ。

ファンはがっかりするかもしれないが、しょせんプロレスのチャンピオンベルトというのは、その程度のものである。

猪木&坂口《さかぐち》組や坂口&ストロング小林《こばやし》組などが腰に巻いた北米タッグというタイトルもあった。これなど、いつどこで始まったのかさえ定かでない。当時はまだ新米レフェリーだった私は真相を知らないが、おそらく新日本プロレスがタッグベルトをつくるために、アメリカでのタイトルマッチをでっち上げたのだと思う。

私がそう思う根拠は、一九七三年八月にロサンゼルスのオリンピック・オーデトリアムで猪木&坂口組がこのタイトルに挑戦したときの相手が、ジョニー・パワーズとパット・パターソンだったからだ。

またパワーズが金ほしさに協力したから、というわけではない。実は、パワーズとパターソンは、言わずと知れた犬猿の仲だったのだ。というよりも、人格者で人望も厚く、一流レスラーとして通っていたパターソンは、パワーズのことなどハナクソ程度にしか思っていなかったのだ。

ロスでの試合では、けっきょく猪木&坂口組のタイトル奪取はならず、同じ年の一二月、今度は日本でタイトルマッチを行うため、パワーズとパターソンの二人が来日した。そのときパターソンが言っていた言葉を覚えている。

「ロスで試合するときまで、あんなやつと口をきいたこともなかったよ」

話したこともない者同士がタッグチャンピオンだったのだ。猪木さんと坂口さんも、えらいチームのタイトルに挑戦したものである。

日本でやった試合も二人の呼吸はバラバラで、もともとプロレスの下手なパワーズを、パターソンはあきれて見ているだけ。新日本ではパワーズを格上のように扱っていたが、実際はとんでもない錯覚だった。パターソンは全米中どこでも通用する超一流、パワーズはつぶれた元インディー団体の下手くそなエース。レフェリーの目から見て、その差は歴然だった。

それからもう一度、パワーズが「もう一つベルトがあるので買わないか」と言ってきたことがある。そのベルトは一八カラットのゴールド製だとPRしてきたが、けっきょく買わなかった。

その後、第二次オイルショックで金相場が高騰して、金が一グラム六四九五円という史上最高値をつけた。ちょうどその頃に来日していたパワーズが私に言った。

「あのときにベルトを買っておけば儲かったのに」

いったいプロレスのチャンピオンベルトとは何なのかと思うだろうが、レスラーにとっては、ファンが目を輝かせるような王者の象徴でないことは確かだ。

石を投げればチャンピオンに当たる

チャンピオンベルトのことは書き出したらきりがない。もとをただせば、力道山《りきどうざん》が巻いていたインターナショナルというタイトルもわけがわからない。私も子供だったので記憶が曖昧《あいまい》だが、たしかルー・テーズのNWA世界タイトルに何度も挑戦し、善戦するがベルトは取れなかった。そんな力道山のために、新たにNWA本部がインターナショナルベルトを創設、ルー・テーズが初代チャンピオンとなり、そのルー・テーズを破って力道山が第二代チャンプについた――そんな経緯だったのではないだろうか。

これも力道山と日本プロレスがつくったストーリーだったと、当時の日本プロレス営業部長だった岩田浩《いわたひろし》さんから聞いた。

私がただのファンだった時代の話を続けるのは無責任なので、現場で見ている物語をもう一つ紹介しよう。ニューヨークで藤波辰巳《ふじなみたつみ》さんがカルロス・ホセ・エストラーダから奪取したことになっているWWWFのジュニアヘビー級タイトルだ。

あの試合は日本で藤波さんを売り出すために、新日本がビンス・マクマホンに頼んでつくってもらった試合だ。WWWFがジュニアクラスを新設したという話にしてもらっただけで、もともとWWWFはジュニアの試合になど何の関心もなかった。このアイディアをひねり出したのは、仕掛け人と呼ばれた新間寿《しんまひさし》さんだ。新間さんは本当に大したアイディアマンで、当時の新日本のヒットは彼の力によるところが大きい。

ところで、藤波さんの売り出しについて付け加えると、彼の知名度を上げるために、女優との架空のロマンスを仕立て上げようとしたことがある。長かった海外修行時代を陰で支えた女性がいる。実は、その女性こそ、あの○○○……という筋書きだ。これは「ワールドプロレスリング」を担当していたテレビ朝日の栗山満男《くりやまみつお》プロデューサーの発案だった。猪木・倍賞美津子《ばいしょうみつこ》夫妻の二匹目のドジョウみたいなものを狙ったわけだ。

けっきょく実現せずに終わったが、藤波凱旋《がいせん》の大成功が、ジュニアヘビーという新しいプロレスの定着につながっていったのはご承知のとおりだ。

すべてのタイトルがこうしたでっち上げだとは言わないが、そんなタイトルのほうが多いのは事実だ。これはアメリカでも日本でも同じである。

歴史が定かで管理機構もしっかりしたものといえば、かつてのNWA世界ヘビー級タイトルや、それに対抗していたバーン・ガニアのAWA世界ヘビー級タイトルが挙げられる。もちろんニューヨークのWWEもそうだ。

馬場《ばば》さんは何度か権威あるNWAのベルトを巻いたが、いずれもリターンマッチでベルトを奪われた。もちろんこれは、ジャック・ブリスコやハーリー・レイスなど、相手が日本にいる間だけ馬場さんがベルトを巻き、何度かタイトルマッチを行ってビジネスをする約束だったはずだ。

昔、私はよく選手を人に紹介するときに冗談で言った。

「この人は元○○チャンピオンの××さん、こちらは前○○チャンピオンの××さん、そして、この方が現○○チャンピオンの××さんでーす……」

控え室で目をつむって石を投げたら、チャンピオンか元チャンピオンに当たる。それがプロレス界における〝チャンピオン〟という存在なのだ。

猪木さんが出したバトルロイヤル禁止令

古いファンの方は、かつて新日本プロレスがバトルロイヤルを名物にしていたのをご記憶だろうか。

バトルロイヤルといえば、馬場さんの全日本プロレスの専売特許だったと思っているファンもいるようだが、実はそうではない。新日本でも旗揚げ当時は、一つの興行に必ずバトルロイヤルを入れていた。

賞金を地元のプロモーターやタニマチに出してもらい、優勝者に渡さずに会社で積み立てていた。けっきょく旅行や飲食代ですっかり消えてしまったようだが。

それはともかく、このバトルロイヤルも事前にすべて勝ち負けを決めてある。なにしろ参加人数が多いので、負ける順番までしっかり決めておかないと収拾がつかなくなる。最初に負けるのは○○、次は××……とリングを降りる順番をはっきりさせ、ハイスパット（見せ場）もしっかり決めておく。そうしないと、ただのドタバタした混乱状態にしか見えなくなる危険性があるからだ。

大いに盛り上がっていたバトルロイヤルについて、私に注文を出してきたのが、例のジョニー・パワーズだ。

パワーズは、バトルロイヤルが盛り上がりすぎて、その後に行われる猪木さんの試合が白けてしまうのはよくないと言った。しかし、内心は、自分のしょっぱい試合が

いっそうしょっぱく見えてしまうのでは、という心配をしたのだろう。さらに、
「猪木はテレビに出すぎだ。エルビス（プレスリー）はテレビに出ないから、みんな生の姿を見たくて会場に来るんだ。猪木もそのへんを考えたほうがいいと伝えてくれ」

そのことを猪木さんに言うと、テレビ出演の話はともかく、バトルロイヤルについては納得した様子だった。そしてすぐさま、猪木さんからバトルロイヤル禁止令が出た。

今振り返ってみると、当時のバトルロイヤルは、リトル浜田《はまだ》（後のグラン浜田）など小柄な選手たちが主役だった。なにしろ身軽で動きが速いから、どうしても観客の目が集まるのだ。パワーズにしてみれば、自分ができないことを他人にやられて、それが盛り上がっているのが気に食わなかったのかもしれない。

バトルロイヤルがなくなったことは、新日本が売り物にしてきた〝ストロングスタイル〟のイメージを強めることにもつながったかもしれない。猪木さんがジョニー・パワーズの忠告を受け入れたことは、結果的には正解だったのだろう。

異種格闘技戦でも勝敗は決まっていた

近頃、やたらと猪木さんが「格闘技」という言葉を口にし、プロレスと分けて話をしているような気がする。総合格闘技の興行で〝プロデューサー〟として影響力を行使して、PRIDEやK－1とつながり、「猪木祭り」など独自のイベントを行う一方、格闘技とかけ離れたプロレスに異議を唱えているようだ。

猪木さんの言葉からも、マスコミやファンの意識の中にも、そうした新しい闘いの源流にあるのが、かつて猪木さんが行った異種格闘技戦であるという認識がうかがえる。

しかし、これは間違いだ。猪木さんの行った他流試合の大半、いや後に紹介する二つの試合を除いては、すべて通常のプロレスと同じように裏で話が通じていた。つまり勝ち負けが決まっていたのだ。

現場を見ていないので断言はしないが、おそらく藤田《ふじた》和之《かずゆき》らプロレスラーがPRIDEで行っている試合などはセメントだと思う。猪木さんは、さも自分がやってきたことを受け継がせるようなポーズで、弟子にまったく違う闘いをやらせている。

そんなやり方を疑問に思っている新日本のレスラーは数多い。とくに昔から猪木さんを支え、必死で自分の役割を果たしてきたレスラーたちは不満を抱いている。

前にも少しふれたが、異種格闘技戦の最初の相手は柔道世界チャンピオンのウィリエム・ルスカだった。

私がリング上で見た男の中で、こんなに強いやつはほかにいない。そんなルスカにビジネスを申し入れて、ルスカもプロとして割り切って試合をした。そして猪木さんが勝ち、ルスカが負けた。これが異種格闘技戦の始まりだ。

当初、どこまでルスカがプロレスの裏側を理解していたのか、誇り高い王者をどうやって口説いたのか、当時は下の立場だったので私は知らない。ただ、後になって親しくなったルスカの性格から察するに、これだけ金をもらえるならOKと、話に乗ったであろうことは想像できる。

ふつうアマチュアの格闘技で並外れた実績を残している選手は、このような役回りには抵抗を持ちやすいが、ルスカに関していえば、マッチメイクでもめたことはない。それと関係あるかどうかはともかく、ルスカの奥さんが重病で大金が必要だというような話は聞いたことがあった。

柔道の頂点を極《きわ》めたルスカにしてみれば、あんなに簡単に投げ技が決まるプロレスを見て、まさか真剣勝負とは思っていなかっただろう。私も柔道をやっていたが、一度投げられたら負けという世界から見たら、プロレスの投げ技は相手の協力なしには決まらないということがわかる。だから、新日本からオファーを受ける前から、プロレスはまったく別物であることをルスカは感じとっていたはずだ。

空手着の着方も知らない覆面の〝空手家〟

「いつ何時、誰の挑戦でも受ける」

よく猪木さんは口にしていたが、本当に向こうから挑戦してきたケースは希だ。異種格闘技戦も大半は、新日本サイドが相手を物色し、話をつけてブッキングしたものだ。

最初の頃は盛り上がったが、そんなに都合よく適当な相手が見つかるものでもない。異種格闘技戦も後半は、かなり失敗作が目立った。

当時、カナダで新日本のブッカーをやっていた安達勝治《あだちかつじ》さんが、ミスターXというデブの覆面空手家を送り込んできた。覆面の空手家というだけですでにうさん臭いが、こいつは空手着の襟《えり》を逆に合わせ、帯を縦結びにして平然とした顔をしていたから始末に負えない。

後に安達さんとミスターXの話をしたことがあったが、そのとき安達さんは「新日本から、空手家をつくり上げて、至急日本に送り込めと言われて苦労したよ」と笑っていた。

しかし、そんな相手でもなんとか試合を成立させてしまうのは、猪木さんの上手《うま》さというほかなかった。大相撲の小錦《こにしき》関（現在のKONISHIKIさん）の兄貴のアノアロ・アティサノエをハワイから連れてきてボクサーに仕立てたときは、ボクシングの元世界チャンピオンであるガッツ石松《いしまつ》さんにコーチをお願いした。

さすがに小錦関よりは細かったが、それでもアティサノエは、新弟子として入門した頃の小錦関くらいの体格はしていた。これではどう見たってボクサーではないし、フットワークも鈍《にぶ》い。さすがのガッツさんも困り果てて、「あれじゃあ、どうにもならないですよ」とこぼしていた。

それでも試合をつくり上げてしまうのが猪木さんだ。まったく中身がないような相手でも、何かを引き出してファンの目を釘づけにしてしまう猪木さんの力——。

私はこの本で猪木さんを批判していると思われるだろうが、少なくともプロレスラー猪木について言えば、まったく逆だ。誰よりもプロレスの魅力をリング上で表現できる天才であり努力家、それがアントニオ猪木だったことは間違いない。その才能は通常のプロレスでも異種格闘技戦でも、同じように発揮された。

私が疑問に思うのは、そんな猪木さん本来の素晴らしさを、なぜ小川直也《おがわなおや》に教えなかったのかということだ。小川は格闘技からプロレスに傾斜しているようだが、素質が十分に生かされているとは思えない。

たとえば、対橋本真也《はしもとしんや》戦で橋本の価値を暴落させたように、小川は相手を光らせて自分も生きるという術《すべ》を知らない。プロレスをやると決めても、すぐに猪木さんのような〝ドラマ〟をつくり出せるわけではない。

猪木さんが何を考えているのか、今、小川との関係がどうなっているのか、私にはわからない。ただ、小川が強いことは誰もがわかっていることで、これから教えなくてはいけないのは、それをプロとしてどう生かしていくかだろう。

猪木さんの試合にあって小川の試合にないのはドラマ性だ。藤田だって、セメントでの強さがプロレスで生かしきれていないのは小川と同様だ。ドラマづくりの部分

——猪木さんが、その奥義《おうぎ》を教えてこそ、初めて彼らが闘魂の遺伝子になる。小川や藤田に限らず、多くのレスラーたちに、それを伝授してもらいたいと、猪木さんには期待しているのだが。

猪木vs.アリ戦こそ正真正銘のセメント

みなさん気になっていると思うので、異種格闘技戦のセメントはどの試合だったのか、結論を先に書いておこう。

それは対モハメッド・アリ戦、そして、対アクラム・ペールワン戦だ。

まずは、あちこちで書き尽くされ、語り尽くされた感のあるアリ戦の、まだ伝えられていない裏側を書いてみたい。

引き分けで終わったあの試合で、ジャッジの一人だった元日本プロレスの遠藤幸吉《えんどうこうきち》さんが、アリの判定勝ちという結果を出した。

〝プロレス側〟の遠藤さんがアリの勝ち、〝ボクシング側〟のジャッジの遠山甲《とおやまこう》さん（当時の日本ボクシング協会公認レフェリー）が猪木さんの勝ち、そしてレフェリーのジン・ラーベルが引き分けという裁定を下したことが、〝出来レース〟と見られる理由の一つだろう。

しかし、どうやら遠藤さんは、命の危険を感じていたようだ。どこまではっきりと威嚇《いかく》されたのかは定かではないが、少なくともアリ陣営が拳銃を隠し持っていたことは事実らしいので、とても遠藤さんは猪木さんの肩を持つことはできなかったらしい。当時、レスラーや関係者は、そんなふうに想像していた。

アリ陣営がそこまで考えていたこと自体、この一戦に勝敗の申し合わせがなかったことの裏返しだ。試合当日、会場に来てからもルールでもめて、猪木さんをがんじがらめにしたことも、絶対に負けるわけにはいかないという緊張感があればこそだ。

そこまで緊迫した中で闘ったことで、二人には友情が芽生えた……という美談が、二七年後の今に残っている。アリからのテーマ曲のプレゼントや、猪木さんがプロデュースするイベントへのアリの招待など、それを裏づける事実がいくつもある。

だが、この点については、アリの本音はどうかなと思う。猪木さんサイドから積極的にアプローチされるので、とりわけ悪感情を抱いているわけでもないので付き合っている、その程度ではないだろうか。

ルールなどでもめにもめた挙げ句の引き分けだから、やっぱり結末だけは最後に決めたのだろうと思われても不思議ではない。しかし、アリ戦のキーマンである新間さんも「あれは〝本当〟だよ」と言っていた。新間さんが私に嘘をつく理由は何もないので間違いはない。

ちなみに、この試合はＶＴＲの放映権もアリ側に握られていて、猪木さんといえども自由にならず、今でもテレビ朝日の倉庫で厳重に保管されている。

アリ戦の後、ときどき控え室であの試合のことが話題になった。

「猪木さん、あのままタックルかまして、ひっくり返して、瞬間的にバンと一発極《き》めちまえば、いけたんじゃないですか？」

そんな言葉に対して、いつも猪木さんは言っていた。

「いやいや、アリの恐ろしさは、実際にリングに上がってみなけりゃわからねえよ。見ていただけじゃあな」

軽いジャブ一つでも、まともに入ったらたまらないという恐怖感を持ったというのだ。バンデージにシリコンのようなものを注射してガチガチに固め、とても危険な武器になっていたのも事実らしい。

アリ陣営の用務を担当していた私は、ずっとアリの近くにいた。しかし、控え室でアリがグローブをつける際には、側近から退出を命じられてしまった。そのため、この件については、実際に確認はしていないのだが。

いずれにせよ、そんな反則を超えた格闘家としてのアリの凄みを、猪木さんが感じとっていたことも確かだ。

もっとフリーなルール、たとえば現在のPRIDEのようなルールで闘ったらどうだったか。それでも猪木さんが有利とは言えないと思う。そこまで猪木さんがアリのパンチに恐怖心を持っていたら、やはり懐《ふところ》に入るのは簡単ではないからだ。

猪木さんよりタックルの上手いアマレス出身者、たとえば今なら藤田あたりが闘ったらどうだろう。アリにとっては猪木さんより手強《てごわ》いかもしれない。しかし、二〇〇一年八月のK－1でミルコ・クロコップに藤田がやられたように、タックルの入り際にカウンターを当てられたら終わりだ。

タックルのエキスパートといえども、打撃系の相手との闘いは戦局が読めない。その頂点を極めたアリの強さを、猪木さんは誰よりも知っているということだろう。

猪木さんが最後まで拒否した真剣勝負

もう一つのセメント異種格闘技戦、アクラム・ペールワン戦は、アリ戦とは違う意味で思惑外れ《おもわく》のセメントマッチだった。

時は一九七六年の一二月、敵地パキスタンのカラチ・ナショナル・スタジアムでの一戦だ。この試合は、当地のプロモーターであるサリム・サティック氏から対戦の申し入れがあった珍《めずら》しいケースだ。

そんな事情にプラスして、慣れない場所への遠征ということもあってか、事前のコミュニケーションが十分ではなかった。けっきょく、勝敗の申し合わせをしないまま、現地に乗り込んでしまったのだ。

こちらはいつもどおりやるつもりで、申し合わせも当然のこととしてできる腹づもりだったと思う。ところが、そこが大きな誤りだった。王家に仕《つか》える格闘家一族の子孫であるペールワン側は、申し合わせなど絶対に受けつけようとはしなかった。

もちろん困ったのは我々だ。

「おい、新聞、高橋《たかはし》、何やってんだ。早く話をつけてこい、バカ野郎」

試合前の控え室で猪木さんの怒声が響く。しかし、メインレフェリーを務めるイギリスのオリグ・ウィリアムスも交えて何度話し合いを試みても、彼らにとって闘いは真剣勝負、大観衆がつめかけている会場ではあるが、ショーという感覚はまったくなかった。

けっきょく話がまとまらず、真剣勝負に臨まざるを得なかったときの猪木さんのあせり、緊張した様子は、今も忘れられない。

それをもって猪木さんを批判するつもりは毛頭《もうとう》ない。何が起きるかわからない、殺《や》るか殺《や》られるかの勝負となれば、それが人間として当然の姿だと思う。しかもこのときは、直前のシリーズでケガをしており、最悪に近いコンディションだった。試合前は、想像を絶するくらいの恐怖感に襲われていたのではないだろうか。

このとき私は、ふだんの「勝つのが当たり前」という傲慢《ごうまん》な態度が消え失せた猪木さんの、人間臭い一面を見た思いがしたものだ。

試合中、ペールワンが猪木さんに噛みついた場面があったが、あれは、先に猪木さんのほうが、恐怖のあまり、ペールワンの目に指を入れたために起きたことだった。

試合後、新間さんは、プロモーターのサリム・サティック氏から「イノキは汚い」

と、相当なじられたという。

幸いにして相手は年齢的に峠《とうげ》を越えており、腕力はすごいが技術的にはとくに秀《ひい》でたものはなかった。猪木サイドの人間にレフェリーはさせられないということで、リング下でサブレフェリーを務めていた私は、試合が始まってまもなく、これなら勝てると思った。

案《あん》の定《じょう》、猪木さんがアームロックでペールワンの肩を脱臼《だっきゅう》させ、勝利を飾ったことはご存じの方も多いだろう。

骨折による壮絶なTKO……といった報じ方をされているが、実際はそれほどのものではない。新日本の道場でのスパーリングでもよくある、単なる脱臼にともなう靭《じん》帯《たい》の損傷だ。

いずれにせよ、いっさいシナリオのない闘いであったことは事実だ。近年、猪木さんは何を思ってか「いざとなれば相手の目の玉をえぐり抜くような……」といった発言をしているが、まさしくこの試合にはその恐怖があった。

実際、試合が終わって、私が控え室に入ったとたん、猪木さんの怒鳴り声が聞こえた。

「新聞、てめえ、この野郎、俺にこんなこと（真剣勝負）をやらせやがって」

この言葉からも、猪木さんがどれだけの恐怖心を抱えていたかがわかるだろう。

「いつ何時、誰の挑戦でも……」と豪語する闘魂の微塵《みじん》も感じられなかった。

ペールワンのセコンドについている者たちは、耳が片方ちぎれている者、片目がつぶれている者などがいて、それは凄《すさ》まじい様相だった。彼らにとって闘いとは、そういうものだったのだ。反則とかノールールという感覚すらなく、ふつうの闘いがそうだったということだ。

ふだんリングの上で過激な芝居を演じている千両役者の猪木さんが、まさに死の恐怖すら漂う真剣勝負に臨んで勝ったのだ。プロレスにはそれだけの要素が含まれている。猪木さんにそれだけの強さがあったからこそ、不測の事態に対処することができたのだ。

チョチョシビリ、ウェップナーとの入念なリハーサル

一方では、緊張感溢《あふ》れる他流試合などと言いながら、格闘技をかじった人間なら笑止千万《しょうしせんばん》ものという光景も、今思えばいくつもあった。

たとえば、なぜか猪木さんが言い出して、ロープのない円形リングで闘った柔道のショータ・チョチョシビリとの一戦だ。記念すべき東京ドーム初興行。一九八九年四月のことだ。

そもそも、この円形リング自体が真剣勝負では考えられない。なぜなら、ふだん四方に張られたロープを背にして試合をしているレスラーが、いきなりロープなしの円形リングで闘うのは明らかに不利だからだ。逆に柔道家にとっては、ロープがないのは何も苦にならないどころか、むしろ有利とさえ言えるだろう。そんなハンディを、レスラーが何の根拠もなく受け入れることなど、本来は考えられないことだ。

試合中にも妙なシーンがあった。たしかプロレス雑誌の表紙にもなっていたと思うが、試合途中で猪木さんがチョチョシビリの柔道着の襟を嚙みながら攻めていた。あれはその前に腕を極められて、力が入らなくなってしまったためということになっている。

しかし、もしも真剣勝負であんなことをしたら、チョチョシビリの力で引っ張られた瞬間に歯が吹っ飛んでしまう。あのシーンを格好よく思うのは素人《しろうと》で、我々から見たら漫画としか思えない。

それにしても、さすがミュンヘン五輪の金メダリスト、チョチョシビリの裏投げはすごかった。裏投げ三連発で猪木さんのKO負けというのは、再戦でのリベンジも含めて筋書きどおりだ。

しかし、相手はプロレス未経験者だから、いくら合意はしていてもアクシデントの危険はつきまとう。だから、この試合では、事前にロシア語の通訳をつけて、佐川急《さがわ》便所有の体育館を借りてリングをつくり、入念なリハーサルを行った。

リハーサルまでしたケースは異種格闘技戦でも希だが、それはチョチョシビリが強かったからにほかならない。もし打ち合わせの内容がうまく伝わっていなかったら、いざ本番でどうするか。猪木さんの実力でコントロールできる相手ならともかく、チョチョシビリではどうにもできなくなる可能性が高い。そう踏んで万全を期したのだ。

ボクシングの世界ヘビー級ランカーだったチャック・ウェップナーとの試合では、夜の新日本道場で手合わせをした。

あのときのウェップナーのパンチの迫力も忘れられない。若手選手二人が押さえるサンドバッグにパンチを打ち込むと、その若手が二人いっぺんに大きくのけぞった。

ウェップナーがパンチを打つたびに、サンドバッグを押さえたまま右へ左へと振りまわされる。こんなパンチを食らったら、ひとたまりもないなあ……という私の思いは、ほかのレスラーたち、そして猪木さんも同じだったと思う。

だがウェップナーは、鼻の折れ曲がった顔からは想像もできない紳士だった。スパーリングでのド迫力の怖い顔と、物静かな素顔とのコントラストが印象に残っている。

異種格闘技戦の幕切れ

異種格闘技戦に登場した猛者《もさ》といえば、極真空手のウィリー・ウイリアムスも忘れられない存在だろう。彼との試合では、チョチョシビリやウェップナーのような手合わせはしていなかったと記憶している。ただ、私はこの試合では二人の間に立つような仕事をしていないので断言はできないが、まさか何の打ち合わせもなしにリングに立ったということはないだろう。

名勝負になったマーシャルアーツのザ・モンスターマンもしかりで、本当に強い相手には猪木さんはきわめて慎重だった。もちろん猪木さんを金看板としてメシを食ってきた私たちも、必死で猪木さんを守ろうとしていた。

猪木さんが弱かったわけではない。きわめて強くなければ、あそこまでの芸はできないことを理解してほしい。しかし、強い者同士が強さだけを競《きそ》い合っても、興行としてお客さんに楽しんでもらえるような試合はできない。また同時に、プロレス団体を背負い、ファンの夢に応えていくために、「アントニオ猪木は強い」というイメージを徹底して守らなければならなかった。

要するに異種格闘技戦と言われた試合も、馬場さんの全日本プロレスと差別化し、ゴールデンタイムのスペシャル放送枠で売るプロレスという商品だったのだ。

これが異種格闘技戦として通用したのも、猪木さんの気力、体力が充実していればこそ。強い猪木抜きに強さの演出はできない。猪木さんは上手さで頂点に立った人だが、やはりその奥には道場で鍛えぬいた格闘家の懐刀《ふところがたな》があった。

しかし、もうだめだ……と、つくづく思ったのは、引退間際に行われたジェラルド・ゴルドーとの試合だった。あれは格闘技トーナメントとして行われた試合で、久しぶりにリングに上がった猪木さんが優勝する手はずだった。

ところが試合が始まるや否や、ゴルドーのローキック一発で猪木さんは吹っ飛んだ。もちろん試合には勝ったが、足を引きずって控え室に戻り、もう出たくないと泣き言の言いっぱなしで、燃える闘魂のかけらもない有り様だった。

「なんとかうまく言って、出なくていいようにしてくれよ」と、すっかり戦意喪失状態の猪木さんを、みんなで必死になってなだめた。

このとき幸いだったのは、決勝で闘う相手がプロレスラーのスティングだったことだ。

「猪木さん、次はスティングですから無茶はやりませんよ、大丈夫です。向こうにもしっかり釘を刺しておきますから」と周囲が説得して、やっとの思いで燃えない闘魂を引きずり出した。

そこまでしておきながら、また引退試合でドン・フライと闘わせてしまう会社も会社、それを引き受けた猪木さんも、何を考えていたのだろう。ともかく、こうして猪木さんの異種格闘技戦の歴史も幕を閉じた。いや、閉じたと思いたい。

猪木さんがグレート・アントニオに仕掛けたシュート

裏では意外に弱気な猪木さんが、突如として強気になることがある。それは間違いなく、無茶をやっても許される相手、つまり絶対に負けることのない相手に対してだ。

かつて前田日明《まえだあきら》が長州力《ちょうしゅうりき》の顔面を蹴ったとき、猪木さんは「プロレス道にもとる行為」と非難した。しかし、それを言うなら猪木さん、あなたは……という反論にたびたび使われる、いわくつきの試合が、対グレート・アントニオ戦だ。

グレート・アントニオといえば、〝密林王〟の異名を持つ怪人レスラーで、力道山時代にも来日したことがある。大型バスを一人で引っ張るパフォーマンスで話題を呼んだ。

猪木さんは、このアントニオの顔面を蹴飛ばし、鼻骨を骨折させてしまった。だから、前田がやったこととどう違うのだ、と言われる理屈はよくわかる。

ここに猪木さんの言葉と行動の矛盾がある。プロレスにおける信頼関係の大切さ、これは繰り返し裏で猪木さんが口にしてきたことだ。

自分の身体を相手にあずける。相手が投げる。でも絶対にケガはさせないよ。二人で試合をつくるんだという信頼関係。関節を極めたように見せるけど、もちろん折るようなことはしない。極めたかたちをとるだけ。そうやって試合の流れをつくりながら、ハイスパットと呼ばれる見せ場に持っていき、感動を演出するのがプロレスだ。

それを誰よりも理解し、誰よりも見事に実践してきた猪木さんが、グレート・アントニオに対しては、その掟《おきて》を破ったのだ。

実は、この試合、最初から不穏《ふおん》なものがあったわけではない。シュートではなくウォーク（通常のプロレスという意味）だった。ところが両者が場外に落ち、乱戦になったときから状況が変わった。

アントニオが攻め、猪木さんが〝セール〟していた。セールというのもプロレス界の隠語で、やられているようにうまく見せることを言う。

猪木さんがセールしているのだから、アントニオは徹底的に攻めて勝利を狙うように見せなければいけない。ところがアントニオは、攻めている途中でやたらとテレビカメラに向かってパフォーマンスをしたり、観客にアピールしたりを繰り返した。

この態度に猪木さんは切れたのだ。そして次は自分がセールする番だと思って顔を上げているアントニオに向かって、思いきりシュートの蹴りを叩き込んだ。

ウォークのつもりでいる相手に、いきなり豹変《ひょうへん》してシュートを仕掛けたのだ。

猪木さんが好まないパフォーマンスだったのはわかるが、べつにアントニオは常識外れなことをしたわけではない。彼のスタイルで試合をしていただけなのに、シュートで鼻を折られたのだから気の毒だった。しかも彼は、こと観客動員ということについては、立派な貢献をしてくれていたのだ。あんなことをしていい理由はどこにもない。

事件の後、外国人係の私が病院に連れていったのだが、今でも悲惨な光景が甦《よみがえ》ってくる。なぜ、あそこまでしなければならなかったのか。私には釈然としない思いが残っている。

強きを助け、弱きをくじく〝燃える闘魂〟

猪木さんのシューター的な一面を指して〝キラー猪木〟と呼んだりするが、リング上で本当に切れたのは、私が記憶する限り、アントニオ戦だけだ。

タイガー・ジェット・シンとの大阪での腕折り事件、パク・ソンナンとの韓国での血戦。これらも伝説的に語られているが、切れてはいない。シンの腕は折れていないし、パクの戦意喪失によるリングアウト負けも最初から決められていたものだ。

シンとの一戦は、手をぶらぶらさせているシンを見て、ほかの外国人選手が控え室から駆けつけ、リングサイドで私にクレームをつける……というところまで演出した。

腕をぶらぶらさせながら猪木さんにロープに振られるシンの様子は、後でVTRを見ると、まさに名演技、大したものだった。

韓国でのパク戦のときは、しっかり勝ち負けを決めずに試合を組んでしまったため、お互いに勝つつもりで本番を迎えてしまった。

アメリカから凱旋帰国した英雄のパクは、母国のファンの前で無様《ぶざま》な姿は見せられない。そこで負けるのは嫌だと最後までしぶった。しかし、こちらも猪木さんを、明らかに格下のパクのジャブ役にはさせられない。

これがアリ戦の前なら、敵地ということで、少しは相手に花を持たせることも考えられなくはなかったかもしれない。しかし、アリ戦によって、莫大《ばくだい》な借金と引き換えに世界的な知名度を得た猪木さんだ。こんな相手に負け役を演じるわけにはいかない、というのは、我々の共通する思いだった。

そこで最後の最後に妥協案として出てきたのが、「せめてフォール負け、ギブアップ負けはやめてくれ。負傷によるやむなしの戦意喪失のリングアウト負けにしてくれ」というパク側の要求。その要求をのみ、猪木さんが切れたような演出をした結果、キラー猪木を彩《いろど》る伝説になったのだ。

この話がまとまるのに時間がかかったために、韓国におけるテレビの生放送は三〇分もの間、誰もいないリングを映しつづけた。あんな奇妙な生放送は、後にも先にもあれ以外になかった。

戦意喪失というのも、見方によってはフォール負けより屈辱的な気もするが、要するにパクとしてはアクシデントを装《よそお》いたかったのだろう。

もとよりこんな妥協案は、このまま勝ち負けを決めずにセメントでやったら何をされるかわからない、というパクの恐怖心があったから出てきたと思う。誰がどう見ても、猪木さんとパクでは実力差は歴然としていた。

実は私はアジアを転戦していたレスラー時代、一度だけソウルでパクと試合をしたことがあった。久しぶりの再会という懐かしさもあって、こんな状況でレフェリーとしてリングに立つのが心苦しかった。

実力差があれば有無を言わさずにやってやればいいじゃないか、と思うかもしれない。しかし、プロレスの世界は、そんな甘いものではない。

もし外国人レスラーにシュートでケガをさせたら、その噂はすぐに世界に伝わる。新日本はルールを守らない、猪木は下手だ……となったら、ビジネス上の大きなダメージを負うことになる。それこそ外国人レスラーのブッキングができなくなる可能性もあるのだ。

とくに馬場さんの全日本プロレスとスター外国人の争奪戦を繰り広げていた時代は、いっそう評判に気をつけなければならなかった。

では、なぜアントニオにはルールを破ってしまったかというと、たぶん彼がほとんどアメリカで試合をしておらず、おまけに奇人でプロモーターやレスラーからまともに相手にされていなかったからだろう。

こいつに何をしようが自分の不利益にはならない、という判断が猪木さんにはあったのだと思う。強きを助け、弱きをくじく〝燃える闘魂〟――と言えなくもない。

アングルの失敗と成功の境目

私たちが意図せずに起きた本物の事件として、忘れられないのが数々の暴動だ。もとをたどれば、狙ったアングルの失敗でファンの期待を裏切ったことが原因である。

暴動にからんだ白覆面の海賊ガスパー。あれなどは異種格闘技戦やキラーと対極にある、いわば猪木さんの大仁田《おおにた》的な一面の象徴だろう。

まったく意図はわからないが、最初はフロリダで売り出し中のホープだった武藤敬司《むとうけいじ》の試合に乱入したのが、テレビでの海賊の初お目見えだった。その正体が猪木さんだったことは、もはや誰もが知っている。

日本で最初に海賊が登場したのは、一九八七年の三月、猪木さんとマサ斎藤《さいとう》さんとの一騎打ちでのことだった。このとき、実は海賊が段取りを忘れて試合をこわしてしまった。このときの海賊の正体は、ブラック・キャットである。

なぜブラック・キャットが……というのは、実は説明するほどの話ではない。今に至るまで、硬派のファンには茶番の代名詞のように言われている海賊ガスパーだが、この茶番に加わったレスラーは非常に多い。あるシリーズでは、日替わりで誰かが海賊になっていた。海賊用のシューズが二八センチだったので、サイズの合う者が「きょうはお前がいけ」という感じだったのだ。

たとえば越中詩郎《こしなかしろう》、小林邦昭《こばやしくにあき》、小原道由《おはらみちよし》……たしか蝶野正洋《ちょうのまさひろ》もやったような記憶がある。さすがに体型でばれると思われたか、橋本真也はやっていないが。

ボブ・オートン・ジュニアやザ・ジャッカルも一生懸命頑張ってくれたが、海賊は見え見えの茶番だった。猪木さんの出したアイディアの数少ない失敗作だと思う。

しかし、何をもって茶番と言うかは微妙な問題で、仮につくりものをすべて茶番と言うなら、プロレス自体がただの茶番ということになってしまう。

辞書を引いたら、茶番とは「あさはかで見えすいた芝居」とあった。であるなら、何が起きるかわからない、ハラハラドキドキするような面白いストーリーは茶番ではないはずだ。

ところで、覆面レスラーの正体がいい加減なのは、この海賊に限ったことではない。たとえばメキシコの聖人エル・サント。いわばメキシコの力道山のような存在だが、このレスラーが一度だけ新日本プロレスに参加したことがある。

ただし、もう時効だと思うので打ち明けるが、これは偽者《にせもの》だった。マスクをかぶっていたのは、チャイニーズ・メキシカンのハン・リーというレスラーだ。

ハン・リーは本物からもらったコスチュームを身につけて、まだ見ぬ強豪として注目されたエル・サントを演じた。帰国後にそのことがばれて、彼はメキシコマット界を追われた。新日本プロレスにも責任はあると思うが、こちらにはクレームはなかったようだ。

アンドレ自身も楽しんだマシン軍団入り

マッチメイカーにとっては、自由にキャラクターがつくれる覆面は面白い演出だ。私にとっていちばん思い出深いのはマシン軍団だ。

あれは選手の大量離脱でマッチメイクに苦労していた時期の苦肉の策だったが、これからのエンターテインメントとしてのプロレスを考える材料になるような気がする。

オリジナルのマシン軍団は、平田淳二《ひらたじゅんじ》（現在は淳嗣）をはじめ、韓国人の力抜山《りきばつざん》、国際プロレス出身のヤス・フジイ、そして猪木さんと異種格闘技戦を闘った小錦関の実兄たちでハワイ出身のアティサノエ兄弟という面々。増殖を重ねて好ファイトを繰り返してくれたが、新日本の政変劇にともない、長州たちの後を追うように全日本プロレスに移ってしまった。

もともとマッチメイクに苦労していた状況でひねり出したアイディアだったのに、せっかくのヒット商品が、またライバル団体に流出してしまったのだ。困った私は次の策を考えた。今書くと開き直りのアイディアに思われるかもしれないが、アンドレをマシンに仕立てようと思ったのだ。

来日したばかりのアンドレを、京王《けいおう》プラザホテルの部屋に訪ねた。もちろん大好きなワインの土産《みやげ》をたくさん持ってだ。私は恐る恐るアンドレに聞いた。

「実はマスクをかぶってほしいんだけど……」

正直なところ、承知してもらえるかどうか自信はなかった。実は猪木さんも、この企画には「アンドレが承知しないに決まってる」と、あてにしてはいなかったのだ。

それでもアンドレ用の巨大なマスクを用意していた私は、ちょっとびりながらアンドレにマスクを見せた。すると、なんと拍子抜けするほどあっさりと了解してくれた。

「オー、ホッホッホッ」

と、あの野太い声で笑いながら、頼んでもいないのに自分でマスクをかぶり、ファイティングポーズまでとってくれた。ほっと一安心した私は、ジャイアント・マシンの相棒に想定しているマスクド・スーパースターの部屋に電話をかけた。彼とは仲がよかったし、もともとマスクマンなので気が楽だ。こちらの名前はスーパー・マシン。すぐにアンドレの部屋にやってきて、「マスクが変わるだけだからOKさ」と承諾してくれた。

こうして二人にOKしてもらった翌日から、さっそくシリーズが始まった。あの若《わか》松《まつ》マネジャーに先導されて、メインイベントで登場することになっていた。しかし、せっかくだから、ここで少し味のある演出をしようと考えた。

テーマソングが流れ、若松の先導で登場するはずのマシン軍団を、若松も含めて曲が終わるまで登場させなかった。いったいどうしたんだと、観客の目は外国人選手が出てくる通路のほうに向いている。さんざんもったいつけた挙げ句、やっと拡声器で怒鳴りちらしながら若松が登場。そして、その後を巨大なマスクマンが……。

あのときの観客の大きなどよめきは、今でも耳に残っている。当時マッチメイクを担当していた私にとっては、まさにマッチメイカー冥利《みょうり》に尽きる。「やったぞ」という瞬間だ。

誰もが見ただけでアンドレだとわかる。でも、「なんだ、こんな茶番」とは言わず、みんなが驚きとともに喜んでくれた。

後日談だが、このコンビを見てうらやましがっていたのがディック・マードックだった。

「ピーター、次はオレにもやらせてくれ。今度来日するときまでにマスクをつくっておいてくれよ」

けっきょく実現しなかったが、アンドレ、マスクド・スーパースターにマードックとくれば、これは誰が見ても最強のマスクマン・トリオだ。わかっちゃいるけど面白い。異種格闘技戦も思い出深いが、こんなプロレスの面白さも捨てがたいと、現場を離れた今、つくづく思う。そしてここには、たとえショーだとわかっていても、変わらずに楽しめる世界があると思うのだ。

橋本vs.小川戦はこう見た

私の覆面論など鼻で笑い、「バカ野郎、プロレスには緊張感が必要なんだ」と言う猪木さんの声が聞こえてきそうだ。

自分がやってきたことは伝説という袋に詰めて、真相を隠したまま弟子にセメントをやらせる。藤田や小川もメシの食いぶちがいるから、この世界で圧倒的な影響力を持つ猪木さんを頼りにした。その中で出てきたのが、あの橋本と小川の抗争だった。

ここ何年かの間、猪木さんは小川を切り札として、新日本プロレスで影響力を行使してきた。東京ドームで行われた問題の試合、両者の一勝一敗で迎えた第三戦は、もともと猪木さんの「小川を出す」という承諾がなければ実現しなかった。

もし猪木さんが小川貸し出しと引き換えに、小川の勝ちを求めたとしたら、たぶん新日本サイドはOKしたはずだ。そもそも創始者で大株主でもある猪木さんの権限は、たとえ〝復権前〟のあの時期でも小さくはなかった。

しかし、最初から、あんな試合展開を提案したわけではないだろう。私の推測では、何らかのかたちで橋本が勝つことになっていたような気がする。つまり橋本は、勝たせてもらえるつもりでリングに上がったのだ。たとえそうでないとしても、少なくとも試合展開は別の筋書きがあったに違いない。

当時、すでに新日本を離れていた私のところに、何人かの新日本のレスラーから電話がかかってきた。みんなかなり興奮ぎみで、異口同音に黒幕として小川を操《あやつ》る猪木さんのやり方を非難していた。

興奮している彼らには言わなかったが、私は、猪木さんなら何をやっても不思議ではないなと、わりと冷静に見ていた。

小川をたきつけて勝手にセメントを仕掛けさせ、戦闘準備のない橋本を一気につぶしたのだと思う。橋本が憎くてそうしたのではなく、ぬるま湯につかった新日本に活を入れ、緊張感を取り戻したいという意図だったのだろうと見ている。

一部には、マッチメイカーの長州には筋書きを伝えていた、という話があるらしい。たしかに橋本と長州の確執はアングルではなくセメントだったから、マスコミ関係者あたりからそういう話が出るのもわかる。

だが、私は、それはなかったと思う。プロレスの裏のルールというのは、そんなに軽く破られるものではないからだ。とりわけ現場を取り仕切るマッチメイカーが自分でルールを破るというのは、まず考えられない。過去の新日本の歴史を見ても、マッチメイカー以上の権限を持っている猪木さんを除いて、そんなルール破りをした例はない。

それはともかく、長州は自分を慕《した》う者には親分肌で面倒見がよい反面、そりの合わない者を排斥《はいせき》する性質がある。人の好き嫌いが激しいのだ。橋本はまさに長州に嫌われた代表で、橋本も遠慮がないから、二人の関係は最悪に近かった。

さらに、一本気な橋本は会社にも遠慮せず歯向かっていたので、フロント幹部からも煙たがられていた。だから、このへんで橋本にお灸《きゅう》を据えてやろう、ちょっと無茶な仕掛けをしても会社も文句を言うまい、という計算が長州にあったのではないか……と推測する人たちがいるのだろう。しかし、繰り返すが、それはないというのが私の結論だ。

〝強さ〟を兼ね備えたエンターテインメント

私は猪木さんのやり方には、人間として賛同できない。しかし、興行の活性化という観点だけをとったら、あれは猪木さんに一本取られたとも言えるだろう。

あのときまでに橋本と小川は二度闘っており、一勝一敗で決着戦と言えば聞こえはいいが、すでに新鮮味はなかった。その後も二人の試合をドームの目玉カードとして続けられたのは、あの事件があればこそだ。東京ドーム大会での収益を考えたら、あの仕掛けが会社にもたらした価値は莫大だ。

そもそも新日本の多くのレスラー、関係者は、デビュー前の小川を少し甘く見ていたのではないだろうか。

「一〇年トップでやってきた俺が、なんであんなグリーンボーイに負けなきゃならねえんだよ」

小川のデビュー戦だった初対決のとき、橋本は、なかば腐《くさ》っていた。しかし、マッチメイカーにとっては当然の策だ。小川が負けるのは当たり前だからと、無残な敗北を喫したら、早くも商品価値は暴落する。そんなやり方は、ドーム興行を連発する新日本には考えられない選択だっただろう。

まず東京ドームで小川が勝ち、翌月の大阪ドームで橋本がリベンジ。これは最初から敷かれた路線だった。

ただ、シナリオとは別に、リング上の小川を見て、おそらくレスラーたちは小川の素質、柔道で世界の頂点に立つことの凄さを実感したのではないかと思う。

いや、これはレスラー以上に、ファンやマスコミの人々に伝える効果が大きかっただろう。レスラーはセメントで上の地位にいる者の強さを知っているが、これまで一般の人々には十分に伝わっていなかったと思うのだ。

柔道なんて、ただの投げ合い、投げられたら終わりじゃないか、プロレスはそこから先があるんだぞ、とセメントを軽《かろ》んじるのは大間違いだなあ……。それが理解されたことによって、格闘技への興味がさらに広がっていったような気がする。

ただし、いくら小川が天才と言われるほどの才能があっても、慣れないプロのリングでいきなりセメントをやったら、どうなったかはわからない。おそらくデビュー時点では、まだ殴られることへの恐怖心が感じられたので、橋本有利は否めなかっただろう。

当然、小川も自分が勝つことをわかっていてリングに上がった。それでも怖い。そこが経験のなさだった。

そんな未完成の小川を、猪木さんと佐山聡《さやまさとる》が育成したのはご承知のとおりだ。実際にコーチしたのは佐山だが、短期間での目を見張る成長は、やはり小川の希に見る才能の賜物《たまもの》だろう。

もともと小川は、総合格闘家よりもプロレスラーに向いていると思う。プロとして演じる資質でも秀でているからだ。あのデビュー戦で橋本をスリーパーで絞め落とし、喜びと安堵《あんど》から、飛び跳ねながらリング下の猪木さんのもとへ駆け寄っていく様子など、なかなか見事な演技だった。柔道着を脱ぎ捨ててからの、〝つぶし屋〟としてのヒール調のポーズもさまになっていた。

本当に強い（いかにも強そう……と思わせる演技力を含めて）――とファンを納得

させる力。その力を兼ね備えたエンターテインメント。それが今後のプロレス復活に必要不可欠な条件ではないだろうか。

第三章　プロレス最強伝説の虚と実

無意味な最強論争

真剣勝負で闘ったら、誰がいちばん強いのか。

このことにファンが関心を持つこと自体、プロレスは真剣勝負ではないと思われていることの裏返しかもしれない。ボクシングのファンが同じように「誰がいちばん強いのか」を議論するだろうか。そのときのチャンピオンが最強という認識があるのだから、あまりそういう話題にはならないだろう。

このようにプロレスはジャンルとしての特殊性ゆえ、ファンが本当の強さに対する謎解きのような興味を持っている。それはわかるのだが、実はプロレスに携《たずさ》わっている者にとっては、誰が強いかは興味の対象外だ。むしろ、そんな基準でレスラーを評価することはタブーと言っても過言ではない。

レスラーがほかのレスラーの実力を話題にするとき、「〇〇は上手《うま》いよな」という評価はするが、「〇〇は強いな」という表現は、まず出てこない。一般に外国人レスラーは、上手い選手のことを〝グッドウォーカー〟、強くても弱くても下手な選手のことは〝シット〟（クソ）と呼んで蔑《さげす》む。酒の席などで「あいつは喧嘩したら強いぞ」

という類《たぐい》の話が出ることはあっても、強さはプロとしての力量を測るモノサシではないのだ。

仮にアクションスターを数名集めて、役者としての力量を評価するとしよう。ブルース・リーとシルベスター・スタローンを比べて、どっちが強いかを真面目に議論するだろうか。つまりプロレスラーの評価というのも、それと同じことだ。

誰が観客の目を釘づけにして、大きな感動を与える演技力を持っているか。人々を引きつけるカリスマ性を持っているか。そこが大きなポイントなのだ。

レスラーはさまざまなバックグラウンドを持っているから、腕に覚えのある選手は、内心「いざとなったら……」という〝強さ〟に対する自負はある。ジャブに徹している選手でも、一緒に飲んでいたりするときに、そういう気概が見え隠れすることはある。しかし、ふだん開けっぴろげに口にはしない。プロレスは仕事として割り切っている。

かつて国際プロレス軍団のエースとして、ラッシャー木村《きむら》さんが新日本マットでヒールを演じていた時期がある。

あの頃、仲間の浜口《はまぐち》さんや寺西《てらにし》さんが、飲むと木村さんをあおったものだ。

「おっとう（酒が入ると二人は木村さんをこう呼んでいた）、真剣にやったら、おっとうがいちばん強いと思うよ、俺たちは」

いくら酒が入っても穏《おだ》やかな木村さんは、酔っ払いをいなすように笑いながら、ウンウンとうなずくだけ。

「とんでもないよ、そんな」とも言わないし、「当然だよ」とも言わない。猪木《いのき》さんと比べてどうだなんて、プロレスラーとして言うべきことではないとわきまえていた。

しかし、大相撲というセメントの世界で幕下上位まで上がった木村さんには、秘めたる自信があったに違いない。

最近の木村さんしか知らないファンには意外だろうが、あの〝ラッシャーさん〟は、それだけのものを持った選手だった。そして、同じように、実は強い……というレスラーは大勢いる。誰が一番かなど決めようがないくらいに強いやつはたくさんいるのだ。

そういえば、木村さん、浜口さん、寺西さんの三人が猪木さん一人と闘ったハンディキャップマッチがあったが、このマッチメイクに素直に従った三人の心中は察するに余りある。

団体を引っ張るエースに必要なもの

強さについては、それ以上の議論は必要ないと、私個人は思う。どんなに強い者同士が強さを競《きそ》い合っても、それだけで面白いプロレスは生まれないことを、骨身に染みて感じてきたからだ。

あえて一つだけ強さについて補足するとすれば、団体を引っ張るエースには、上手さだけではなく強さも必要だということだ。

たとえば力道山《りきどうざん》にせよ猪木さんにせよ、強いか弱いかと言えば、明らかに強いレスラーだったと言える。いくら頭がよくて政治力があろうが、演技力が抜群だろうが、セメントでやったらヘナチョコだとわかっているレスラーを、誰がトップとしてもり立てるだろう。

エースが会社の代表で最高権力者という構図も、そのレスラーが腕っぷしで有無を言わさぬ強さを持っているからこそできあがるのだ。

元日本プロレスのレスラーで先輩レフェリーの田中米太郎《たなかよねたろう》さんから、よく力道山の話は聞いていた。海千山千の曲者《くせもの》ばかりの集団を、ワンマンエースとして率いた力道山のリーダーシップの源《みなもと》。それは単に会社のオーナーだからというだけではなく、田中さんいわく「喧嘩の強さ」で押さえつけていた部分もあるのだろう。

同じことは猪木さんにも言える。

猪木さんが元気な頃、道場で本気になって「やりますかぁ」と向かっていったのは、トンパチで知られるドン荒川《あらかわ》さんくらいのものだ。そういえば、彼は猪木さんだけではなく、あのカール・ゴッチにも向かっていった。

たまに会ってこの話をすると、「勝てなかったかもしれないけど、負けもしないよ」とウソブいている。口の中がフェイスロックで切れて、血をタラタラ流しながらも「負けねえぞ……」と粘るところを、猪木さんに「このバカ野郎」と絞め上げられる。今なら、おだてればヒクソン・グレイシーあたりとの対戦に名乗りを挙げる一番手かも。

少し話がそれたが、とにかく強さは価値基準ではないが、強さが必要なことも間違いない。だから、レスラーが強いか弱いかと聞かれれば、全員がものすごく強いとは言わないが、強いレスラーは本当に強い。

強い者が強さを競うのが格闘技で、強い者が芝居をするのがプロレス。もしプロレスのルールで、つまり、あれだけファンを楽しませることを意識したスタイルで、なおかつ強さを競い合ったら、確実に死んでしまう。プロレスというのは、それだけハードな芝居なのだということをわかってほしい。

負け役＝ジャブボーイたちの反乱

プロレス団体を円滑に運営するには、負け役のジャブボーイに対する配慮がとても大切になる。マッチメイカーがレスラーに勝ち負けを指示するとき、親指を上にしたら勝ち、下にしたら負けだ。ジャブボーイは年中、マッチメイカーから親指を下げられ、スターに花を持たせるために、その指に黙ってうなずいている。

ところが、フロントの背広組がプロレスを理解していないと、そんなジャブボーイの功績が正当に評価されない。

「負けてばかりいるのだから、お前はこんなものだろう」というギャラの査定をされてしまうのだ。

まさか会社内で暗黙のルールを知らないなんて……と疑問に思うだろうが、テレビ朝日から役員が出向していた時期には実際にそういうことがあった。

実は、藤原喜明《ふじわらよしあき》さんが第一次UWFに移籍するきっかけがそれだった。

あるとき藤原さんから私の家に電話があり、「高橋《たかはし》さん、契約更新しないで辞めちゃったからさ。そのうち縁と命があったら、また会おうや」と言う。理由を聞くと、「あのハゲ野郎がさ、俺たちの気持ち、全然わかっていない。こんなもんサインできるかって、契約書を破って出てきたんだ」とのことだった。

そのときのやりとりで藤原さんを切れさせたのが、

「君クラスだったら、これで十分だろう」

と言われたことだったらしい。

「あっ、そうですか。〝君クラス〟ですか、わかりました」

実際にはそのくらいの言葉で、穏やかに固い決断をして飛び出したようだ。

実は、それより以前、別の人間が契約を担当しているときにも、問題になりかけたことがあったという。これも後になって藤原さんと荒川さんに聞いた話だが、ギャラ交渉のときに「脅しをかけた」そうだ。脅したというと聞こえが悪いが、これは藤波《ふじなみ》さんがらみの話。

「藤波がこんなにいいギャラもらって、俺はこのくらいなの？」

「だって藤波さんは会社を引っ張っていくスターじゃないの」

「あっ、そうかい。じゃあわかったよ。俺はいつも負けてやってんだけど、これからリングの上で何が起こるかわからないからね。俺と藤波がやって、喧嘩したらどっちが強いか……わかるよね」

そうやって迫ってギャラを吊り上げる。それが藤原さんと荒川さんの戦法だった。

その話を聞いて、私もギャラ交渉のときに「観客の目の前でカウントを数えて、勝ち負けを判定するのは私です。これから先、リングの中で何が起きるかわかりませんよ」などと言えばよかったのかと思ったけれど、藤原さんや荒川さんのように世渡りは上手くないので、そこまで知恵がまわらなかった。

ジャブは名誉を捨てて会社のために働いている。それに報いてあげるには金しかない。それを会社が理解していなければ、問題が起きるのは当たり前だ。

映画やテレビドラマには、必ずストーリーの鍵になる端役《はやく》がいる。主役だけでドラマがつくれないことは誰もが承知している。それとプロレスも同じだという簡単な理屈なのだが、スポーツなのかショーなのかを曖昧《あいまい》にしたままなので、ときとして選手の評価に関する問題が起きるのだ。

それに比べると、アメリカのプロレス界は、それぞれが自分の役柄に徹しているのがわかる。ショーとしてのプロ意識が明確に植えつけられているからだろう。もちろんギャラも、本来の働きに応じて支払われているはずだ。

それでもいちばん高いギャラを取っているのは、一般的にはベビーフェイスのトップにいる連中だ。それは、興行やテレビショーの看板スターになるということが、希《まれ》な才能と広い意味での実力あればこそ、という認識があるからだ。力道山や馬場《ばば》さん、猪木さんがそうであったように、エースになれるのは、やはり選ばれた人間だけなのだ。

ただし、問題は、その選ばれし者を最大限に輝かせるための脇役が、どれだけいい仕事をしてくれるかで、大きな差がついてくるということだ。最近の新日本プロレス、というか、これは日本のプロレス界全体に言えることだろうが、このあたりの役割分担が不明確なのではないだろうか。

ジャブがジャブの価値を認められないために、不満を持って会社を飛び出す。そして、自分がトップに立って成功することを夢見る。しかし、ベビーフェイスの看板スターになる器ではない。適材適所で活躍できる体制がないために、団体経営がうまくいかない。こういうケースが山ほどある。

プロレスはさまざまな個性が集まり、みんなでつくり上げるものだということを、もう一度関係者がしっかりと考え直す時期ではないだろうか。

シュートの心得は不可欠

裏切りがない限り、ベビーフェイスは勝たせてもらえる（もちろんストーリーの中で負けを演じることはあるが）。

それならばシュートの練習など不要じゃないか、と思うかもしれない。しかし、それは間違いだ。前に力道山や猪木さんの「力で押さえ込む部分」にふれたが、団体の長でなくても、いやどんな立場のレスラーでも、シュートの練習は必要だ。

なぜかというと、シュートの練習を積み重ねることで、何をすれば危険か、何は大丈夫なのかを身体に覚え込ませることができるからだ。

シュートで悲鳴をあげたり、あげさせたりした経験が、相手を思いやる気持ちを育《はぐく》むと言ってもいいだろう。最近の子供たちが、すぐにナイフで人を刺してしまう背景にも、過保護に育てられて本当の痛みを知らないことがあると思う。

やってはいけないこと、人間としての一線をわきまえておくために、道場の練習で極限に近いことをするのだ。シュートができないやつは、本当のウォークもできない。ただの安っぽい芸にしかならない。そこがアマチュアのプロレス芸と本当のプロレスの違いだ。

危険性や痛みを知っているから、必要以上のダメージを与えない技のかけ方にも気を配るようになる。投げ技なら、相手が受け身をとれるような投げ方をする。どんなに豪快に投げ飛ばしても、うまく受け身をとれば大きなダメージはない。もちろんそれは、頑丈な身体をつくり上げ、しっかりした受け身をマスターしていればこそだが。

いかにも危険そうな垂直落下式のパイルドライバーやブレーンバスターなどは、みんな寸止めだ。ギリギリのところで止めて、大きなダメージがないように落とすのだ。それでも蓄積すればダメージが出てくるのは、受け身がとれる技も同じだ。だから、芝居とはいえ、ベテランレスラーの身体はボロボロである。

しかし、とにかく試合では致命傷を負わせないように技を仕掛けている。そうでなければ、レスラーの寿命は一試合で終わってしまう。

蹴りやパンチにもプロレスの掟《おきて》がある。たとえば顔面へのパンチなどは、もちろん寸止めだ。昔よくマードックが相手の鼻を殴っていたが、ヘビー級ボクサーをストリートファイトでKOしたことのあるマードックが、本気で鼻を殴って鼻血一つ出ないはずがない。

蹴りの場合は、真正面から胸のあたりを蹴るくらいは、レスラーなら何ということはない。思いきり蹴っても大丈夫な身体はつくっている。しかし、いくら練習をしても、ここを蹴っては危険だという場所がある。そういう場所は絶対に蹴らない。これも理屈ではなく、道場でのセメントによって本当に理解できるのだ。


今は若手がいきなり〝ハイスパット〟の練習をしている

昔の新日本プロレスでは、午前一〇時から午後一時までと合同練習の時間が決まっていた。そのうちの三分の二はシュートの練習だった。残りの三分の一がウェイトトレーニングやランニングなど、基礎体力づくりの時間。ところが最近は、この比率が逆転しているようだ。

入門したての若い選手に、いきなりハイスパットの練習をさせている。ハイスパットは闘う者同士が話し合ってつくるのだが、昔はセメントのできない新米に、ハイスパットをやらせることなど考えられなかった。これではインディー批判などできないのではないだろうか。

どうしてそうなってしまったのか。日本人同士の試合が主流になったことも一因だと思う。

昔のように外国人レスラーを相手にしていると、シュートは不可欠だったのだ。もちろんプロとしてマッチメイクには従うが、試合の途中にふと「そうはいかないぞ」と懐《ふところ》にしまってある本物の〝刀〟を抜くような場面が出てくるときがある。裏切るまではいかないが、腕に覚えのあるやつは、いたずら半分でギュッと関節を極《き》めてきたりするのだ。

そんなときに返すだけのものを持っていないと、また相手は図に乗ってくる。たとえば野球のメジャーリーグでは、ビーンボール（故意に投げるデッドボール）を投げてくるピッチャーには、やってきたと思ったらバッターは挑《いど》みかかる。次は味方のピッチャーが、敵のバッターに対して同じことをやる。そうしないと、また何度でも投げられるから、暴力には暴力でやり返すのが常識らしい。プロレスも同じことだ。

また、そういうことが繰り返されると、ファンにも「こいつは本当はやられている」とか「あいつは弱い」という印象を与えてしまう。それでは自分の立場がまずくなる。

もちろん正論としては、ジャブがそんなルール違反をするのは言語道断だ。しかし、たとえば、ある外国人レスラーが会社とトラブルがあって、もう日本でのビジネスはどうでもいいと思っていたら、その外国人レスラーは何をしたって怖くはないだろう。たとえそこまでの問題はなくても、同じ会社に所属している仲間同士と比べたら、何かの拍子に一線を越えてくる危険性が高いことは否《いな》めない。

だから、プロレスラーとしてリングに立つ以上、「やられたらやり返す」気迫と腕は、絶対に必要だった。それを今のレスラーがどう考えているかは別問題だが。

日本のレスラーで、長年アメリカで活躍した選手には〝セメントボーイ〟が多い。ヒロ・マツダさん、マサ斎藤《さいとう》さん、上田馬之助《うえだうまのすけ》さんといった面々だ。今より人種差別の意識が強い時代に敵地で生きていくためには、なめられたら終わりだ。

かつて上田さんがテネシーを主戦場にしているとき、ある日本語のできない日系人レスラーがリング外で仕事の邪魔をしてきたそうだ。リアルジャパニーズのほうがヒールとしての商品価値が高いから、自分の仕事を奪われる危機感を持ったのかもしれない。

さんざん嫌がらせをされたので、上田さんはリングの上で報復をした。試合で相手の腕を折ってしまったのだ。しかし、その後、相手は報復してこなかった。本物の強さを持っていたからこそ、上田さんは生き残れたのだ。

〝雪の札幌・藤原テロリスト事件〟のストーリー

「高橋さん、あのときはありがとう」

私がレフェリーを引退した後で久々に会い、ドン荒川さんを交えて飲んだときに、藤原さんに言われたことがある。彼は札幌の中島スポーツセンターで行われた藤波vs.長州《ちょうしゅう》戦のことを言っていたのだ。

これは私がマッチメイクを担当していた頃のことで、実は別のシナリオがすでにできていた。ところが、必ずマッチメイクの検閲《けんえつ》を行っていた猪木さんから「試合をこわせ」と言われた。

「長州が花道を歩いているときに誰かに襲わせて、長州を血だるまにして、試合をできないようにしちゃおうよ」

「えっ、そんなことをして……それからいったいどうするんですか」

「いや、とにかく俺にまかせろ。今日は誰が試合あいてる？」

そんな会話を交わしたのを覚えている。ちょうど試合のなかったのが小杉俊二《こすぎしゅんじ》で、思わず彼の名前を出したら、「よし、小杉にやらせろ」と猪木さんに言われた。

しかし、小杉の名前を出したものの、物静かなイメージのある彼にテロ行為は不自然すぎると思った。

「猪木さん、やること自体は反対しませんが、小杉にやらせるのは反対です」

猪木さんは意に介さず、

「いいんだよ、誰だって。俺が見せたいのは、長州がやられるところなんだ。襲うやつは誰だっていい」

「でも、小杉にそんなことできますか？」

食い下がる私は押し問答の挙げ句、「それじゃあ藤原でいきましょうよ」と提案した。

もう猪木さんも意地になっていて、「小杉でいいんだ、小杉で」と譲らない。それでも私が「小杉じゃできません」と言うと、「うるせえなあ、お前は。それじゃあ勝手にしろ」となって、小杉には何も話さないまま、藤原さんに役目を伝えた。

これが、あのプロレス史に残る一九八四年の二月三日、〝雪の札幌・藤原テロリスト事件〟の真相だ。

後年になって、なぜ藤原さんが私に礼を言ったのか。おそらくそれは、あの役目をきっかけにして、彼がプロレスの面白さに目覚めたからだと思う。

若いときから道場では強かった。練習が好きでセメントが好き、関節技が得意。ファンが持っているイメージは事実だ。

しかし、試合ではジャブとして使われていた。もっと直接的に言えば、決して強さでは秀《ひい》でてはいなかった藤波さんの引き立て役だった。

いくらプロとして割り切ってはいても、長年やっていて嫌気がさしはじめていた。選手が腐《くさ》っているのがわかると、マッチメイカーとしても使いにくい。しかも、顔には「やったら俺のほうが強いんだよ」という本音が出ていた。

そんな時期、思わぬきっかけで脚光を浴びることになり、藤原さんはプロとしての欲を持ったのだ。

本当は礼には及ばずで、チャンスをものにしたのは彼自身の力だ。あの役目を「しょせんプロレスはこんなもの」と思って実行していたら、その後の藤原喜明はなかった。あのとき藤原さんは「このチャンスを生かしたら、この世界で自分のポジションを確立できるかもしれない」と、本気になったのだ。その状況判断能力、セメントボーイから頭を切り替えた柔軟性が、藤原喜明という男のレスラー人生を決定づけたと思う。

さらに彼の頭のいいところは、セメントボーイのイメージをうまく生かしたことだ。テロリスト事件の前は、道場でも会場のリングの上でもカール・ゴッチを意識したレスリングをしていたが、テロリスト事件の後は、ファンの前ではプロレスをやるようになった。ただし、藤原流のセメントスタイルの味を出しながらのプロレスで、しっかりと独自性を出していった。こういうところに、彼の非凡なセンスを感じる。

脇固めやアキレス腱固めも自分のカラーを出すための計算だ。当初、藤原さんがUWFでそれらの技を使いはじめた頃、「あんな、道場で誰でもやっていることをやって」と、新日本の選手はバカにしていた。実は、私もそう思っていたのだが、ファンが見たいものがそこにあった。プロレスについての情報が増えてきて、ファンが道場の練習を見たいと思うようになっていたのだ。

一時のＵＷＦブームは、それを見抜いてかたちにしたＵＷＦの戦略の勝利だったと思う。また、蹴りを多用するＵＷＦ勢の中で、ひたすら関節技で勝負するところを見せた藤原さんの頭脳は、やはり大したものだと思う。

それはともかく、あのとき、なぜ猪木さんが藤波vs.長州の一戦をつぶせと命じたのか、今でもわからない。一時の緊張感が薄まり、手が合いすぎてマンネリ化していた二人の試合は、このまま続けてもプラスにならないと判断したのだろうか。とりあえず一回つぶしてしまって、先のことはまた考えよう……猪木さんなら、そのくらいアバウトに考えたとしても不思議ではない。

もちろん、闘うことになっていた両者にも、このストーリーは伝えてあったので、リングを下りた後、「こんな会社辞めてやる」と言って裸で雪の中に飛び出していった藤波さんの言葉も、とっさに出た演技の一部だ。

あの暴動は藤波さんがジャブを拒否したから起こった

藤波さんに関することで、もう一つ意外な事実を明かしておこう。

かつての藤波さんが期待の新星で、その後、ジュニアのチャンピオンから猪木さんの後継者としてヘビー級に転身、不動のエースにはなれなかったが、トップの一角として活躍したことはご承知のとおりだ。

藤波さんに限ったことではないが、こういう花形役者の陰には、その輝きを演出するためのジャブがたくさんいる。前述した藤原さんが、まさにそれだった。

しかし、いくら藤波さんとはいえ、一つの流れの中で自分がジャブを演じなくてはならないことがある。ジャブという言葉は、決まった役柄を持っている選手の呼び名として使うだけではなく、「○○さん、きょうはジャブやってくれる?」といった場合にも使うのだ。

さて、藤波さんにジャブを頼んだときの出来事だ。あのベイダー（当時のビッグバン・ベイダー）が、初めて来日したときのことである。

ビートたけしさんが〝たけしプロレス軍団〟（TPG）というものを結成し、軍団が新日本に送り込んだ刺客としてベイダーは現れた。今思えば褒《ほ》められたアングルではないが、ベイダー自身は希《まれ》に見る才能の持ち主だった。

あの巨体で空中戦もこなす身体能力、もちろんパワーは言うまでもない。これは売り出しがいのある選手だと内部の誰もが思った。当然、デビュー戦は勝たせるが、できるだけインパクトのある試合にしたかった。

そこで猪木さんが藤波さんにベイダーのジャブ役を依頼した。そのときは、セミファイナルで藤波さんとベイダーが闘い、メインが猪木さんと長州の一戦になる予定だった。

このときの猪木さんと長州の試合は、長州がジャパン・プロレスを旗揚げして、全日本プロレスに移籍して活躍、新日本にUターンしてきてから初めての顔合わせだった。これから二人の闘いはどうなるのか、全日本参戦を経て長州はどう変わったか。ファンの関心は高かった。

ところが、藤波さんがジャブを拒否したことで状況がややこしくなった。無理やりやらせてもいい試合にならないと判断したのか、猪木さんも強行はしなかった。そして、しびれを切らせたように「それじゃあ俺がジャブをやればいいんだろう」と言い放ったのを覚えている。

その結果が、猪木さんの対ベイダー、長州二連戦の強行と、ベイダー戦でのあっけない敗戦、そして、二つの試合の内容に不満を爆発させた観客の暴動につながっていった。

後日、納得しないファンの代表を集めて、坂口《さかぐち》さんが話し合いの場を設けた。こういうとき、坂口さんという人は頼りになる。そこでファンの声を聞いて、フェンスアウト裁定をなくすというルールの見直しも行われた。

あれ以来、猪木さんは藤波さんに対して、憎しみに近い不信感を持ったような気がする。

「あの暴動はあいつのおかげだ」

「これから先、絶対に浮かばれないようにしてやる」

実際、何度もそんなことを口にしていた。しかし、後になってみれば、けっきょく自分が院政を敷くために藤波さんを社長にまでしているのだから、何を考えているのかわけがわからないが。

強さという点で言えば、申し訳ないが藤波さんというレスラーは上位にはこない。

いちばん元気だった頃でもだ。長州とのライバル関係など、プロレスだからこそ成立したことで、格闘技の側面で見たら、とても抜きつ抜かれつのライバル関係とは言えない。

しかし、プロレスの上手さという点では秀でたものがあり、ルックスを含めてスターの素質を持っていたのは事実だ。そんな会社の期待に応え、彼なりの努力をして地位を築き上げた。

それは認めるけれど、藤波さんには、自分を支えた強いジャブたちのことも忘れないでほしい。

最後まで実現しなかった猪木vs.前田戦

ここまで書いても、まだ最強論争への興味を捨てきれない方も多いだろう。そこで、私が責任を持って書ける範囲で、一つの答えを示しておこう。

新日本プロレスで誰がいちばん強かったか。ズバリ言って、坂口さんと長州は抜きん出ていた。UWF系だろうが何だろうが、この二人には誰もかなわなかった。柔道日本一とアマレス王者の肩書は、伊達《だて》ではなかったということだ。

日本アマレス界のヘビー級史上最強と言われてプロ入りした谷津嘉章《やつよしあき》については、正直言って、道場でセメントをやっているのを見た記憶がない。実績から見て強かったことは間違いないと思うが、強さを極《きわ》めるような意志は希薄《きはく》だったような気がする。

プロレスの上手さを合わせた総合力、プロレスラーとしての商品価値では猪木さんにかなう者はいないだろう。前述したように、猪木さんは強さも合わせ持っていた。言うならば、強い坂口と長州、強くて上手い猪木、上手い藤波……といったところだ。

藤波さんは練習の虫のように言われているが、強さを追求するような練習は、それほどしてきたとは思えない。熱心にやっていたとしても、新弟子から若手時代にかけてだけだと思う。

一方、長州の若い頃は、それこそ素質だけでもっていたようなものだ。練習嫌いは有名で、それでもスパーリングをすれば誰もかなわなかった。そんな彼が練習に目覚め、道場で先頭を切ってガンガンやるようになったのは、若手を指導する立場になってからだ。立場が人を変えたというか、言葉と行動を一致させなくてはという責任を自覚したのかもしれない。

前田日明《まえだあきら》はどうだったのかといえば、若手時代はトンパチぶりばかりが目について、特別に強さを見せていたわけではなかった。もちろん後には、格闘家としても大きく成長したと思う。ただし、後輩の髙田延彦《たかだのぶひこ》ともども、あのUWFで見せたスタイルは、既存のプロレスと差別化するための戦略という面もあったと思う。

その戦略をどこまで徹底していたのか、つまりウォークだったのかシュートだったのかは、私は内部を見ていないのでわからない。ただ一本気な前田のことだから、理想とするものは、プロレスの裏の部分を全面的に否定した真剣勝負だったのではないかと思う。

いずれにせよ、そんなことは新日本の内部では誰も気にかけてはいなかった。UWFがブームを巻き起こしていた頃も、興行成績は気になっても、そのスタイルを脅威に思う者などいなかった。ファンが思っていたように、「本当に強いレスラーがみなUに行ってしまった」わけではなかったからだ。ただ、一時的にせよ、そういうイメージをつくり上げたのは、商売として見事だった。

それでも幻に終わったUWFとの提携時代の猪木vs.前田戦は、もし実現していたら前田が勝っただろう、という意見が新日本の選手の中でも多かった。

あのとき前田は元気いっぱいの絶頂期、猪木さんは下り坂。しかも猪木さんは、もともとUWF流の蹴りというか、今でいえばK―1ファイターが使うような蹴りは苦手だった。セメントになったら、猪木さんは勝てないという声が大勢《たいせい》を占めていた。

けっきょく、この対戦が実現しなかったのは、プロレスは信頼しあって闘うことを理念とする猪木さんにとって、この頃の前田は、決して安心することができない相手だったからだ。たとえウォークで試合を始めても、途中でセメントを仕掛けてくるかもしれないという懸念《けねん》もあった。

会社としては、まだ猪木さんを負けさせるわけにはいかないし、かといって血気盛んな前田を会社の方針に従わせるのも難しかった。

新日マットではU戦士の試合だって〝ウォーク〟だ

そこで、業務提携が始まった最初のシリーズにおける頂上決戦は、猪木さんと藤原さんの一騎打ちに落ちついた。

しかし、前田の商品価値を落とすことは、新日本プロレスにとってもマイナスだ。

そこで藤原vs.前田の一戦は、前田が藤原さんをグラウンドでスリーパーに極め、前田の足を藤原さんが極めるという微妙な展開から、藤原さんの勝ちに持っていった。ファンの目には、前田が藤原さんを絞め落としたように見せて、実は一瞬だけ早く藤原さんが前田からギブアップを取っていたというわけだ。

セメントだったら、とてもこうはいかない。絞め落とされる寸前で相手の足を極める力など出るはずがないし、逆に足を極められている状態でスリーパーを極めることも不可能。新日本のリングに上がった時点で、UWF勢もみんな〝プロレスラー〟になることは、彼ら自身がいちばんよくわかっていた。

こうして、一九八六年の二月、かつては前座の鬼と言われた藤原さんが、前田を下して猪木さんとの対戦をものにしたのだった。

UWFの試合がウォークだったかシュートだったかわからないと書いたが、このように新日本マットで行われたUWF勢同士の試合は、あくまでも新日本プロレスの商品だ。こちらが決めたマッチメイクに従い、彼らなりのスタイルで闘ってもらった。

もし前田がウォークを受け入れたふりをして猪木戦を実現させて、本番でセメントを仕掛けたら……。その後、どうせ新日本をクビになるのがわかっていたら、あのときやっておいても損ではなかったかもしれない。

ただ、海千山千の猪木さんのことだ。そう簡単には策略に乗らなかっただろう。前田にやられて「まいった」のふりをして、人のいい前田が力を抜いた隙《すき》に目玉を突く。そんな展開になったかもしれない。どちらが勝つにせよ、あのときの不信感が募《つの》った状況では、後味の悪い試合になっただろう。

後に実現した髙田延彦率いるUWFインターと新日本の対抗戦は、ちょうど私がケガで入院中に行われたので内実は知らない。

したがって推測になるが、少なくともセメントだったなどということはあり得ない。メインイベントの武藤《むとう》vs.髙田戦は4の字固めという古典的な技で武藤が勝った。あのときの試合の終盤、武藤のドラゴンスクリューによって、髙田が足を負傷するというアクシデントがあった。

たぶんそこがポイントで、髙田は〝プロレス技〟から遠ざかっていたため、ドラゴンスクリューをうまくさばけなかった……という印象をファンに与えたかったのだろう。なかばアクシデントによる負けなら、〝髙田の強さ〟に傷はつかない。そして再戦、リベンジへとつなげて、イーブンに持っていく。そうすれば、武藤も髙田も〇

K、両方の会社ともに興行収益を得られて万々歳という考えだったのだろう。
しかし、実際は髙田やUインターのイメージは低下したようだし、何よりも会社自体がつぶれてしまったわけだから、彼らにとっては大変な誤算だっただろうが。

いずれにせよ、ここで言いたいのは、プロレスはプロレス、そこにスポーツライクなスタイルもあれば、ショー的な見せ方を重視したものもある、ということ。これが、私が二五年間、レフェリーとして二万試合を裁いた新日本プロレスの、いわゆる〝ストロングスタイル〟の真実だ。たとえ〝U系〟であろうが、見せ方は違っても、レスラーが心得ている暗黙のルールは同じなのだ。


レスラーは自分が〝最強〟ではないことを知っている

さまざまな最強伝説に夢中になってきたみなさんには、かなりショッキングなことを書いているかもしれない。

しかし、そもそも日本人の中で誰が強い、弱いと論じていても、欧米のケタ外れに強い連中を目《ま》の当たりにしたら、もうどうでもよくなってしまう。それが現場にいた者の本音だ。

お客さんの見ていない場所では、猪木さんも長州もウィリエム・ルスカには歯が立たなかった。前田に「プロレスか喧嘩かはっきりしろ」と言って、けっきょくプロレスに収まったマードックが、もし本当にリングで前田と喧嘩をしていたら……。これは見てみたい気もするが、日本人全体の声としては、「外国人にはかなわないよ」だ。悲しいかな、これが本音である。

プロレス最強論というのはファンの夢であって、レスラーにとっては迷惑というか、ちょっと勘弁してほしい、といったところだ。

もちろん強いレスラーはいる。しかしそれは個人の話であって、プロレスではない。プロレスは〝最強〟を演出するエンターテインメントなのだから。大仁田厚《おおにたあつし》が本気で自分のことを強いと思っていないことは、誰もが想像できるだろう（国会の場外乱闘では、セメントも強そうだが）。それと同じように、程度の差はあっても、新日本のレスラーだって、身のほどをわきまえているのだ。

それでも柔道やアマレスなど、格闘技の世界で実績を持っている選手は、セメントにもそれなりの自信を持ってはいる。しかし、こういう世界に来れば、上には上がいることを嫌でも自覚するようになる。だから、最強などという思い上がりは、経験を積めば積むほどなくなっていく。

何度も書くが、私はレスラーが弱いと言っているのではない。並外れた強さを持っており、その強さを高め、維持する努力をしている。ここで書いているのは、非常にレベルの高いところでの強いかどうかという話だ。素人《しろうと》と変わりないくらいに弱い、というのではなく、みんな自分が〝最強〟ではないことを知っている、ということだ。

とくに外国人レスラーと闘う中で、どうしようもない生まれ持った差を日本人は感じる。とりわけ腕力や基礎体力という点では、人種の違いが浮き彫りになる。先祖代代、肉を食べている人種には勝てないのだ。

一度、スコット・ノートンと腕相撲をしたことがある。彼はアームレスリングの元世界チャンピオンだ。勝てるはずはないのだが、私もパワーリフティングの元ヘビー級チャンピオンだ。どのくらい強いのか、好奇心半分で挑戦した。

ただし危険性はわかっているので、ノートンには「スコット、いきなりはこないでくれよ」と言っておいた。いきなり本気でこられたら、こっちの腕が折れるのは目に見えているからだ。

やってみると、ノートンは手加減していたのだが、やはり、とても歯が立たなかった。このまま粘っていたら腕を折られてしまうと思って観念した。あれが本気だったらと思うとゾッとする。

アンドレをびびらせた本物の横綱の立ち合い

昔の日本プロレスで怪力といえば、豊登《とよのぼり》さんで決まりだろう。その豊登さんが、カナダ人のアデリアン・スンヨール・バラージョンという選手と日本プロレスの道場（中央区日本橋人形町《にんぎょうちょう》にあった時代）で腕相撲をやり、両腕で向かっていったけれど片腕でやられたという話を田中米太郎さんから聞いたことがある。

アデリアンは身長が一九〇センチくらい、体重が一一〇キロほどの、レスラーとしてはすらりとした体型だったが、レスラーになる前はサーカス団の力自慢で鳴らしたそうだ。

たまたまそこに、大起《おおだち》という力士が遊びにきた。彼は身長が二メートル近くあり、体重が一八〇キロもある巨体だ。体格を比べたらアデリアンを圧倒している。これはいけると見た周囲のレスラーたちが、「大起、やってみろ」とはやし立てた。そして挑んだ大起だったが、あえなく負けてしまったそうだ。

「そのとき、力道山はどうしていたんですか?」と聞いたら、「ただ笑って見ていたよ」と、田中さんが言っていた。

「力道山先生は絶対にそういうことはやらないよ。だって、もしやったら、いかれちゃうのをわかっているからね。力さんまでやられた……なんて噂を立てられたら、まずいだろう」

そういうところは猪木さんに似ている。

ちなみにこのときの様子をスポーツ紙が報じていて、記事では豊登さんがアデリアンに勝ったことになっていたようだ。

とにかく外国人パワーには抗しようがない。それでも、もし日本人が対抗できるとしたら……。巨体の関取でもかなわなかったというが、それでも私は、日本の格闘技界で対抗できるのは、大相撲が最右翼だと思っている。

外国人レスラーはみんな相撲が好きで、昔はいつも一緒にホテルのロビーなどでテレビ観戦していたものだ。マスクド・スーパースターなどを連れて、大阪場所を観戦に行ったこともある。

現在の佐渡《さど》ケ嶽《たけ》親方、琴桜《ことざくら》関がまだ現役の横綱だった頃、あの強烈な頭からぶち当たる立ち合いを見て、アンドレがウワーッと頭を抱えてうなっていたものだ。あのテレビからも聞こえてくる〝ゴツン〟という頭と頭がぶつかる鈍《にぶ》い音。「コトザクラはすごい。まるでサイだ……」

ほかの外国人選手たちも「オー、ステッフ！」と言って、拳《こぶし》を固く握りしめていた。〝ステッフ〟というのもプロレス界の隠語で、何をするにも「力が入りすぎていて硬いぞ」といった意味。相撲は基本的にセメントだからステッフは当然だが、プロレスの試合であんなふうに体当たりされたら、誰もが口を揃えて「オー、ステッフ！」となる。

とにかく、あのアンドレに「怖い」と言わしめたのが琴桜関だった。

よく格闘技ファンの間で、相撲取りは太っているからスタミナがないとか、寝技に入られたら何もできない、といった話がある。

しかし、相撲取りはスタミナがないわけではない。あの強烈なぶつかり稽古《げいこ》を何番も続けてこなすのは、並のスタミナでは無理だ。また、寝技といっても、まず相撲取りを倒すこと自体が難しいだろう。たとえ倒して寝技に持ち込んだとしても、あの巨体をコントロールするのは容易ではない。

そんなに簡単に関節技など極まるものではないことをレスラーたちは知っている。闘わなくてもわかる凄みがあるからこそ、外国人レスラーたちは相撲に興味を持ち、「スモウレスラーはすごい」と、力士を高く評価するのだ。

ゴッチはプロレスの神様ではない

力士といえば、腹の出たアンコ型の体型を忌《い》み嫌っていたのがカール・ゴッチだ。初期の新日本プロレスは、このカール・ゴッチをストロングスタイルの象徴として崇《あが》め奉《たてまつ》っていた。

しかし、〝プロレスの神様〟というゴッチの異名は、実は彼にはふさわしくないと私は思う。そもそもプロレスの暗黙の掟《おきて》を軽《かろ》んじ、プロモーターやマッチメイカーの言うことを聞かず、マット界から干されたのがゴッチだ。神様と呼ぶからには、強さと上手さを兼ね備えた超一流でなくてはならないだろう。だとすれば、やはり神様はルー・テーズではないかと思う。

ゴッチとテーズは練習のやり方も対照的で、スクワットの練習一つを見ても、フルスクワット（床近くまで膝《ひざ》を深く曲げるやり方）がゴッチ流。それに対してテーズは、それでは膝に負担がかかりすぎると言って、ハーフスクワット（中腰の状態までしか膝を曲げないやり方）をしていた。

どっちがよいか悪いかにいちがいには言えないが、先に膝を悪くしたのはゴッチのほうだ。まだ元気なはずの時期に膝にガタがきたゴッチと、その頃はまだ元気だったテーズ。そんな二人の印象が記憶に残っているので、私はテーズ流のスクワットを推《お》したい。

少し話がそれたが、私が言いたいのは、ゴッチ＝セメントのようなイメージは錯覚だということだ。そういうスタイルを好んだというが、実際の試合ではセメントをやっていたわけではない。ヨーロッパのレスラーによくある動き、たとえばリストを取られたのを一回転して鮮やかに返すとか、そういった彼の解釈によるテクニシャン的な部分を観客に見せて、拍手をもらって喜んでいた。これも一種のショーマンスタイルだ。

個人的には、そんなゴッチのプロレスには魅力を感じなかった。動きそのものが自分勝手というか、相手と好勝負をつくり上げようという意思、相手を光らせようという気持ちが感じられなかったからだ。その点、上手さという点では、猪木さんのほうが数段上だった。

控え室で気に食わないレスラーを叩きのめした、といった裏の武勇伝もゴッチのイメージ形成につながったようだ。しかし、本当にどこまで強かったかはわからない。若い頃、長州は何度かフロリダのゴッチ道場に行ったが、途中で見切りをつけて通うのをやめてしまった。その頃、ちょうど私は長州が借りていたフロリダのアパートに泊めてもらっていて、長州のこんな言葉を聞いたことがある。

「寝技から入ったら負けるかもしれないけど、立ち技から始めたら、俺、ゴッチに勝ちますよ」

もちろん、セメントを前提にした話だ。元気いっぱいの頃の長州だったら、本当に勝てたような気がする。本当の真剣勝負では、いきなり寝技から始まることはあり得ない。だからセメントだったら、アマレス式のタックルで優位な体勢に持ち込み、そのまま上に乗って……という、今のバーリ・トゥードのような展開になったのではないか。

アンドレのマネジャーをしていたフランク・バロアからも、昔カナダでゴッチが行ったセメントの賞金マッチの話を聞いたことがある。

相手は、後にバイキング・ハンセンという名でデビューするレスラーだが、当時はまだ素人で、腕力自慢の木こりだった。ゴッチは素人の怪物パワー相手に攻めあぐね、ついに極めきれずにタイムアップになったそうだ。判定があれば勝った内容だったのかなど、詳しいことはわからない。しかし、バロアの話を信用すれば、素人の力自慢をギャフンと言わせることができなかったのだ。

バーリ・トゥーダーから逃げた〝神様〟と〝闘魂〟

私自身も、ゴッチのセメントを見るチャンスが一度だけあった。ただし実現しなかったのだが、それは新日本のブラジル遠征にゴッチが同行したときのことだ。後に新日本の練習生になったバーリ・トゥードの強豪、イワン・ゴメスが挑戦してきたのである。

ゴメスは、とくにゴッチや猪木さんなど特定の誰かを指名してきたわけではないが、いちばん強い相手と闘うために挑んでくるのは当然だ。

実際、当時は海外の遠征先で「オレと闘え」と名乗りを挙げてくる猛者《もさ》が珍《めずら》しくなかった。だから、レスラーも遠征先では身構えていて、みんな心の中では、「いざというときのためにゴッチさんが同行してくれた」という思いがあっただろう。

ところが、ゴメスが挑戦状を持ってきたとき、ゴッチは対戦をかわした。それは猪木さんも同じだ。そして二人で話をつけて、どういうわけか木戸修《きどおさむ》さんに矛先《ほこさき》を向けたのだ。

木戸さんは新日本勢の中でも、これは歴代のあらゆる選手を見渡しても、そういう試合には向いていなかった人だ。他流試合どころか、額《ひたい》を切って血を出すのも、髪の毛をつかまれるのさえ嫌がる人である。そんな人が、へたをすると再起不能の大ケガをするかもしれない試合など、進んでやるはずがない。

猪木さんの命令は絶対だとわかっていても、あのとき木戸さんは徹底的に拒んでいた。

「何で僕がそんなことをしなきゃならないんですか？　嫌ですよ、ほんと、嫌ですよ……」

猪木さんは意に介さず、

「やれって言ってんだ、この野郎」

気の毒に恐る恐るリングに上がった木戸さんは、レフェリーを務める私に聞いてきた。

「高橋さん、どんな相手なんですかね。いったい何者なんですかね……」

そわそわと落ちつかない木戸さんの前に、しかし、当時はまだ謎の男だったイワン・ゴメスは、とうとう姿を現さなかった。けっきょく木戸さんはリングを下り、控え室に戻った。たぶん命拾いをした心境だっただろう。

後で聞いたところでは、ゴメスが現れなかったのは、ブラジル体育協会が他流試合を認めなかったからという話。それが真相なのかどうか、確かな証拠はないが。

もし木戸さんと闘っていたら、ゴメス有利は明らかだっただろう。練習生として新日本の道場で見たゴメスの強さからすれば、たとえあのとき、ブラジル体育協会の横やりではなく、新日本側が逃げたのだとしても、それは正解だったかもしれない。

それにしても、ゴッチと猪木さんの態度には疑問が残る。たとえ自分がやりたくないにせよ、なにも木戸さんを当てなくてもいいだろう。ともかく神様も闘魂も、世間が思っているほどガチガチの真剣勝負が好きなわけではないようだ。

ロートルを引退させられない業界の事情

レスラーの力量を見る重要なポイントとして、受け身やブリッジがきちんとできるかどうか、という点がある。

この点でいうと、名の通ったベテランよりも、入門したての若手のほうが上だ。腕を磨こうと練習熱心なうえ、まだ身体を痛めていないし、若いので身体の柔軟性がある。

ベテランレスラーのくせに受け身がとれないなんて、と思われるだろうが、何十年もやっていると、だんだん受け身をとるのがつらくなってくるものなのだ。

選手の間では、「俺、今日、ちょっと腰が痛いからさあ、ボディスラムは勘弁してくれ」なんていう話がまかり通っているのだ。

将来のある若い選手が、たまたまケガをしているので、悪化させないように配慮してやろう、というのはわかる。しかし、もう再生できないくらいボロボロになったベテランが、「その技はやめてくれ」と言うのは、ファンをなめていると思う。

できないのなら引退しろ。私が新日本のレフェリーを退《しりぞ》く頃、そう言いたい選手が何人もいた。ようやく最近になって引退を発表した選手もいるが、まだほかにもいる。

話のついでに書いておくが、引退しても問題は残る。名目だけの役職を与えて、仕事もないのに給料を払う。そういう状況が、これからも続きそうだからだ。

世界に名を轟《とどろ》かせる大企業が大リストラをやっている時代なのに、よくこんなことが許されるものだ。リングで真剣に闘わないレスラーと働かない社員の給料を差し引いたら、お客さんに買っていただく入場券は、確実に安くできる。そのくらい余分なコストになっているのは間違いない。

もとをただせば、社長である藤波さんが、今さらドラゴンなどといってリングに立っていることが問題だ。セメントだったら、おそらく入門して一年の若手にも勝てないだろう。それをみんなわかっているのに、最後のG1も何もあったものではない。ここから直さなければ、プロレスを変えることはできないだろう。

会社がレスラーの引退に寛容なのには、実ははっきりした理由がある。たぶん、この本が出れば、その理由は意味を持たなくなるのだが、要するにプロレスの秘密を世間に暴《あば》かれることが怖いのだ。

想像していただきたい。あなたの会社が、消費者に隠しごとをして商品を売りつづけている。それを社会にバラされるのを恐れて、何も会社に貢献していない社員を食わせていたら……。

私は自分が引退する前に、会社に一つの提案をした。それは、引退後のレスラーの受け皿として、警備会社を設立することだ。

全国各地で興行を行うプロレス団体には、会場の警備の仕事が必ずついてまわる。業界最大手である新日本プロレスの場合、興行の回数が多いぶん、年間の警備にかかるコストも膨大《ぼうだい》だ。東京ドームクラスだと、一回の興行で何千万円レベルの金を外部の警備会社に支払っている。通常の体育館でも数十万円はかかる。

それを関連会社で引き受けるようにすればいい。仕事の内容から見ても、レスラーOBには絶好の受け皿だ。一度は会社も同意して、私は新日本在籍時に準備を始めた。警備会社を設立するには公安委員会の認定資格が必要なので、研修と国家試験を受けて資格を取ったのだ。その後もボディガードの訓練に参加したり、各種セキュリティ機器の勉強をしたりもした。

ところが、私のレフェリー引退が目前になって、新日本の態度が変わった。警備会

社をつくろうという話が突然消えてしまったのだ。会社を問い詰めると、

「引退後まで、レスラーに危険な仕事をしろとは言えない」

と、まったくわけのわからない説明をするだけだった。

将来はプロレス会場の警備だけではなく、民間のVIPのボディガードなどにも事業を広げる計画だった。現に今、日本国内の治安が悪くなり、こうしたセキュリティサービス会社が増えている。将来性があり、レスラーがあなたを守ります……という話題性もある。ストーカー対策などにも活用できるかもしれない。

いろいろな可能性があったはずなのに、株式上場まで考えるほどの資金力を持っているはずの新日本プロレスは手のひらを返したように、私との約束について口を閉ざした。

会社の事業方針については、これ以上は何も言うつもりはない。ただ、半分以上ばれているプロレスの本質を、これ以上無理に隠し通すことは、百害あって一利なしだと思うのだ。

いくら上手くても、プロレスのようなハードなエンターテインメントは、身体にガタがきたらできない。どんなに巧《たく》みにごまかしているようでも、メッキははげてくる

ものだ。

くどいようだが、強さを持っているからこそ、上手いプロレス、ファンに夢と感動を提供するプロレスができるのだ。プロレスは強さを競う格闘技ではないけれど、強さの部分が完全に錆《さび》ついてしまったら、レスラー失格だ。

逆説的な言い方になるが、強さを競う格闘技ではないことをはっきりさせたほうが、本当に強い連中が活躍できるようになるはずだ。

猪木さんと長州の決定的なセンスの差

次に、レスラーの上手さについて掘り下げてみよう。

どんなレスラーを上手いというかと言えば、第一に挙げられるのは、相手にケガをさせないということだ。それと同時に、自分がケガをすることを恐れないこと。一見、矛盾するようだが、この二つは絶対条件だ。それと、相手を疲れさせない動き、これも重要なポイントだ。

それにプラスして、ジャブのところでふれたように、負けることを嫌がらないこと。ベビーフェイスとヒールという互いの役割を理解し、試合をつくる姿勢。これもなくてはならないものだ。

プロモーターやマッチメイカーから見れば、〝イエスマン〟であるほうが歓迎されるのも確かだ。イエスマンというと聞こえはよくないが、それがプロ意識というものだろう。

では、具体的に技術面で例を挙げて、上手いレスラーと下手なレスラーの違いを比べてみよう。

やはり上手いレスラーの筆頭は、私が接してきた中では猪木さんだ。星野《ほしの》勘太郎《かんたろう》さんとタッグを組んでいて、星野さんが外国人チームにつかまり、集中攻撃をかけられていた。徹底的に痛めつけられているように演じて、つまり業界言葉で言うセールをしまくり、命からがら隙を見つけて猪木さんにタッチする。

ところが、コーナーにいる相手方の一人がレフェリーの私の目をそらせて、タッチを確認できないようにする。この行為はホールスタッグという呼び方をするが、もちろんこれも私の演技だ。

こうやって星野さんのタッチを認めないのは二度まで、というように決めていた。それ以上やるとしつこくなり、観客が興奮を通り越して白けてしまうからだ。だから、三度目のタッチは認める。厳密に回数を決めていたわけではないが、これがだいたいの目安だった。

今は少なくなったタッグマッチの古典的な盛り上げ方だが、猪木さんが上手かったのは、いくらレフェリーの私に業《ごう》を煮やしたふりをしても、絶対に私には手を上げなかったことだ。

我慢して我慢して、ファンがしびれを切らして爆発寸前になったところで、やっとタッチが認められて猪木さんがリングに入る。この瞬間を観客全員が待っていたわけだ。

途中で「この野郎、てめえ、どこを見てんだぁ」と、すごんではくるが、ここで私をぶっ飛ばしたら、「高橋のバカ野郎」と思っているファンのストレスが一気に発散されて、スカッとしてしまう。そうすると、外国人をやっつけるクライマックスが盛り上がらない。だから、猪木さんは、計算ずくで抑えた演技をしていた。

ところで、ホールスタッグをやるときは、前もって外国人レスラーにも伝えておいた。外国人サイドが上手に演技をして、いかにも私を攪乱《かくらん》しているように見せてくれることが重要だからだ。

猪木さんが国会議員になって一線を退いた後、同じような局面で長州と私が対峙《たいじ》した。このとき長州は、流れにまかせて途中で私を殴ってしまった。案《あん》の定《じょう》、その後の試合は白けてしまった。そのとき私は、猪木さんと長州のセンスの差を感じた。

猪木さんにも殴られたことはあるが、あの人はレフェリーを殴ってもいい場面はいつか、ということを、きちんと心得ていた。そのあたりが、長州に限らず多くのレスラーと違うところだ。

一流レスラーは投げられ上手

長州はトップの座についてから上手くなったと思うが、それでも外国人からは下手だと嫌われていた。蹴りがもろに相手に入ってしまい、なかなか寸止めができないのが大きな理由だった。

一度アンドレにもろに蹴りを入れて(もちろんわざとではなく誤ってだが)、大巨人が激怒したことがある。その後、試合がどうなったかは想像がつくだろう。アンドレのグローブよりでかい手が、もろに長州の顔面に飛んできた。もちろん寸止めではなく。

藤波さんが外国人に評判がよかったのは、そういう失敗がほとんどなかったからだ。強さの部分では天と地ほど差のある二人だったが、そういう上手さという意味での実力は逆だった。

上手いか下手かは攻め方だけではなく、やられ方にも表れる。よく猪木さんが大木《おおき》金太郎《きんたろう》さんのことを「重いんだよなあ」と言って嫌っていた。重いというのは体重そのものではなく、投げられる際の重心のかけ方が下手なことを意味している。そのまま体重を残してしまうため、攻めるレスラーに負担をかけてしまうのだ。

たとえば、ボディスラムをかけるときだ。投げられる側が投げる相手の軸足に自分の手を置き、そちらに重心を移してやると、相手はスッと持ち上げることができる。そのまま棒立ちになっているのとでは、持ち上げるのに必要な力がまったく違うのだ。大木さんはそのタイミングの取り方が下手だったので、猪木さんは「重い」と言ったのだ。

これと対照的なのがアンドレだ。あれだけ体格差があるのに猪木さんがアンドレを投げることができたのは、アンドレが上手かったからだ。もしアンドレが猪木さんに投げさせてあげようと協力しなかったら、あの巨体を投げられるはずはない。

アンドレはイメージ的に強さのほうに目がいくだろうが、レフェリーの目から見ると、上手さが際立っていた。

先のボディスラムの場合以外でも、アンドレが猪木さんを担《かつ》ぎ上げ、担がれた猪木さんが、コーナーポスト、を蹴って身体を反転させ、その勢いでアンドレを投げ飛ばすという試合の見せ場があった。あれもアンドレの勘のよさと身軽な動きがなければ不可能だった。

アンドレと同じように、ベイダーのような巨体を猪木さんくらいの力で投げることができるのも、やはり投げられるほうが上手いからだ。もちろん瞬間的にすごい力を出すことのできる猪木さんの上手さもあったが。

日本人で投げられっぷりのよさで印象に残っているのは、昔ならマサ斎藤さん、最近では武藤敬司《けいじ》。猪木さんが巌流島で長時間闘う相手に斎藤さんを選んだのは、このあたりにも理由があったのではないかと思う。〝重い〟相手ではスタミナをロスしてしまって、とてもあんな長い試合はできなかっただろう。

第四章　本物の血を流すアクションスター

カミソリの刃でサッと切り裂く

プロレスに流血はつきものだが、内部では試合で流す血を〝ジュース〟と呼ぶ。これは主にアメリカから来ているレスラー向けの隠語で、メキシカンはスペイン語そのままで〝サングレ〟と呼ぶ。また、なぜかアブドーラ・ザ・ブッチャーは〝カラー〟と呼んでいた。

当然、流血は試合の凄みを演出するためのストーリーの一部である。しかし、試合でやっているように、栓抜きで額《ひたい》を叩いたり、鉄柱にぶつけたりしても、本当はジュースなど出ない。冷静に考えればわかると思うが、タンコブができるだけで、あんなにきれいに血が流れるはずがないのだ。

だが血糊《ちのり》のような嘘をやっているわけではない。レスラーの額から出るジュースは、カミソリの刃でサッと切り裂いて出すものだ。

ジュースのある試合では、いつも私はカミソリの刃を短くカットし、指先につけてテープで巻いていた。選手のボディチェックをするレフェリーが、一方では自ら〝凶器〟を持ってリングに上がっていたわけだ。

カミソリは、爪の先から一ミリか二ミリくらい刃を出しておき、そこにもテープを巻いておいた。そしてジュースのシーンが来ると、うまく観客のブラインドをついてテープを取り、素早くレスラーの額に親指の爪を立てるようにして切った。鉄柱や相手の凶器でやられたように見せかけて、実は私が持っているカミソリの刃で切っていたわけだ。

たとえば場外でもみ合っているシーンなどで、セコンド陣がレスラーを取り囲んでいたりする。そんなときは、レフェリーが切っているところが観客に見えないように、レスラーが死角をつくっている場合もある。私はよくベテランの星野《ほしの》さんに頼んで、若手を誘導してもらったりした。

「星野さん、今日は仕事しますのでよろしく」

その一言で星野さんは意味を理解してくれた。こういう頼りになるベテランが、メインイベントを陰で支えてくれたのだ。

必ずしもレフェリーが切るわけではなく、自分で切るレスラーもいる。たとえば猪《いの》木《き》さんは絶対に人を信用しないから、私にやらせることなどなかった。逆に自分で切るのが怖い、あるいはうまく切れないというレスラーは、いつも私が切っていた。

私がメインレフェリーをしていた頃は、猪木さんのような例外を除いて、だいたい切ってあげていた。そこで、誰が言うともなく、ついたあだ名が〝ハマの人切り〟（ハマは私が横浜出身のため）……なんてカッコつけたいところだが、実は自分からそう名乗っていた。

万が一、観客に見られたとしても、レフェリーが切ったのなら言い訳のしようがあるかもしれない。しかし、やられているレスラーが自分で自分を切っているのがわかったら、これはどう転んでも言い訳ができない。だから、猪木さんはいつも「くれぐれも注意しろ」と口をすっぱくして言っていた。

ところで変な話だが、人を切る感触というのは、不思議と忘れられなくなる。グサッといくときの感じが、なんとも心地《ここち》よいのだ。

ただし、あまり傷が残らないように、ブスッと刺した後は、短く五ミリくらい引く。下手な切り方をすると長く切れてしまって跡が残る。昔の新日本プロレスの選手の額に、そのキャリアほどは醜《みにく》い傷が残っていないのは、私の切り方が上手《うま》かったからだ……というのも、何か変な自慢話だが。

だからプロレスは一〇〇年も続いてきた

ジュースで忘れられない思い出はいくつもある。

若い頃のヒロ斎藤《さいとう》が、大先輩の上田《うえだ》馬之助《うまのすけ》さんと試合をしたときのことだ。それまで二人はタッグを組んでいたが、マンネリ化してきたのと、ちょっと斎藤を上田さんから引き離したい理由が別にあり、新しいアングルをつくることにした。

あるシリーズでタッグを組みながらも試合中にもめるシーンを何度もつくり、ついに仲間割れして、最終戦で激突という流れだ。

その一戦で斎藤を売り出すために、上田さんにジャブをお願いした。

「上田さん、すみません。言いにくいことを言わなきゃならないけど……今日、負けてください」

私は親指を下にした。

「うむ？」

「上田さん、斎藤を売っていきたいんですよ」

返事をしない上田さんに私は続けた。

「あのう、クイックでいいですから、お願いします」

クイックというのは、スモールパッケージホールドやバックスライド、サンセットフリップ、あるいはローリングクラッチホールドなどのように、瞬間的に技を決めて、レフェリーがカウントを早く数えてしまうようなパターンのこと。負けた相手が〝弱い〟という印象を残さないので、負けても商品価値を落としたくない場合や、ジャブを嫌うレスラーを納得させるときに使う。

そのときは斎藤がサンセットフリップから押さえ込みに入り、私がワン・ツー・スリーと速射砲のように早く数える算段だった。

しぶしぶ納得した上田さんが言った。

「それじゃあ高橋《たかはし》、俺は斎藤を血だるまにするからな」

「はい、わかりました。試合が試合だから、ジュースでいいですよ」

因縁《いんねん》をつくり上げてきての最終戦だから、流血試合は不自然ではない。了解した私は、上田さんに「それじゃあ僕が切りますから」と言った。

すると、なぜかその日に限って上田さんは、「いいよ、今日は俺が切る」と言った。

何か嫌な予感がした。事前の打ち合わせで斎藤に話したら、彼も恐怖を感じている

目をしていた。控え室を出た私を追いかけてきた斎藤が、

「高橋さんが切ってくださいよ。上田さん、怖いですよ……」

「でも、上田さん、自分でやると言ってるしなあ。ジャブを了承してもらったうえに、そこまで俺がやるとは、これ以上は強引に押せないよ、俺も」

怖がる斎藤を「もし何かあったら俺が止めるから、とにかくやってくれ」と説得して、なんとか後楽園ホールでの試合にこぎつけた。

こうして始まった試合は大変な展開になった。斎藤を場外に叩き落とした上田さんは、まわりが冷や冷やするほどの荒れよう。とうとうスパナなどリング設営用の工具が入っているエプロン下にもぐり込んで、斎藤を痛めつけはじめた。

これはまずいと思ってリング下を覗《のぞ》くと、上田さんは手に持ったカミソリで一発、かなり深く入れたうえに、さらにズバズバと斎藤を切り裂こうとしていた。

私もリング下にもぐり込み、怒鳴るように言った。

「上田さん、もうこれでいいから」

しかし制止しようとする私を睨《にら》みつけた上田さんは、まだまだという様子で切ろうとした。

「上田さん、もういいと言ってるんだから」

と、最後はカミソリを奪い取ってしまった。あのまま放っておいたら、本当に斎藤はどうなったことやら。

「あのとき高橋さんがいなかったら、俺、何をされたかわからない」

後に斎藤自身も言っていた。

少し余談になるが、ヒロ斎藤は、私の知る現役選手の中では、上手いレスラーのトップ一〇に入る一流だと思う。斎藤との試合が組まれていると、実は選手は喜ぶのだ。みんな一様に口を揃えて「ヒロさんはやわらかい」と言う。

やわらかいというのは、試合で何をするにも相手に負担をかけないで上手に立ちまわるという意味だ。たとえば先にも書いたように、投げられる際にうまく自分の体重を逃がして軽くするとか、攻める際にも寸止めを的確に決めるということ。

ジュースの話もファンにはショッキングかもしれないが、私は堂々と胸を張って表に出したいと思う。

昔よくプロレスを色眼鏡で見ている人たちが言っていた。

「あんな血は鶏の血かなんかを誰かがかけてるんだろう」

まさかカミソリで自分の額を切っているとは、誰も思っていなかったはずだ。

それにしても、ジュースのアイディアを思いついたのは誰なのだろう。プロレス全体の暗黙のルールと同じで、これは本当に人間の知恵だなあと感心する。

「大仁田《おおにた》の電流爆破じゃないけど、ジュースをちゃんとパテントとして押さえて、どこかでレスラーがジュースを出すたびに権利金をもらえたら、そいつにはすごい金が残っただろうなあ」と言っていたのは木村健悟《きむらけんご》だ。

誰が考えたのかわからないが、血糊や鶏の血ではなく、あくまで本物を選んだからこそ、プロレスは一〇〇年も続いてきたのだろう。格闘まがいの立ち回りで人を切る芝居は、日本のチャンバラを含めてたくさんあるが、本物の血を流す芝居はプロレス以外にはない。ギミックをつくり出すために本物の血を流しつづけているからこそ、あれだけの迫力が出せるのだ。

〝ジュース〟は毒にも薬にもなる

ジュースも使いようというか、ただそれだけが売り物というレスラーは、私は好きではない。

たとえば、毎試合と言っていいくらいジュースを出していたアブドーラ・ザ・ブッチャーだ。それと、忘れられないのは、流血王の異名をとったハワイのキング・カーチス・イヤウケア。額のギザギザはブッチャーと双璧だったが、彼は傷口からばい菌が入り、重体に陥《おちい》ったのが原因で引退に追い込まれた。ここまでくると、名誉の勲章とは言っていられない。

私がマッチメイクをしていた頃、「今日はジュースはいらないよ」と言っても、ブッチャーは話を聞くでもなくニタニタ笑っているだけだった。そして、案《あん》の定《じょう》、お決まりの流血。出すなと言っても出してしまう。

けっきょく晩年のブッチャーは、それしか自分を表現するものがなかったわけだ。衰《おとろ》えをごまかすためのジュース。ジュースを取ったら何も残らない老いたレスラーの悲しさを見たような気がした。

同じようなヒールのイメージで見られていたタイガー・ジェット・シンとは、そこが大きく違うところだった。シンはそれほど頻繁《ひんぱん》にジュースを出していないが、だからこそ、いざというときのインパクトは大きかった。

近頃のインディー団体にも言えることかもしれないが、ジュースは使い方次第で毒にも薬にもなる。ほかに売り物がないからジュースに頼るのは本末転倒だ。

ところで〝ハマの人切り〟だった私にも、切りやすいレスラーと切りにくいレスラーがいた。切られるのを怖がって動くレスラーは、こちらもへたに切って大ケガをさせたくないと思って躊躇《ちゅうちょ》するのでやりにくい。

ちょうどテロリストになった頃の藤原《ふじわら》さんを切るはずの試合で、まさにその場面になったときのことだ。ここだと思って切ろうとするのだが、藤原さんが動くので、どうしても切れない。小声で「じっとしておけ」と言っても動いてしまう。何度やってもだめなので、けっきょく私もあきらめて、ジュースなしで終わったことがある。

反対に切れすぎて困ったのが、大木金太郎《おおききんたろう》さんだ。

チャイニーズ・メキシカンのハン・リーが変装した偽者《にせもの》のエル・サントと大木さんが、韓国で試合をした。偽エル・サントはマスクの下に凶器を入れて、大木さんの顔面にめがけてトペをかまし、直撃された大木さんがジュース……という展開だった。

「高橋君が切ってくれ」と言うので、いつものように用意しておいたカミソリで大木さんの額を切った。ところが額に刃を入れた瞬間に大木さんが動いたので、必要以上に四〜五センチも余分に長く切ってしまい、予期しない大変な流血になってしまった。

大木さんは大先輩だから「あんたが動くから悪いんだ」なんて言えない。これは試合の後で一発食らわされるなと、私は覚悟を決めていた。

ところが、大木さんは翌朝、「高橋くーん、よかった、よかった。いいのが出たよぉ……。八針も縫《ぬ》ったよぉ……」と嬉々《きき》としていた。

それでも恐縮した私は「手元が狂いまして、本当にすみませんでした」と平身低頭に謝ったが、「いいのが出た出た。高橋君はうまいよー、また頼むよぉ」。

お礼に一〇〇ドルもくれたのだから驚いた。実はケチで通っていた人なのに……。人の額をカミソリで切って、お礼を言われて金までもらう。こんないい仕事ほかにない。

忘れられない黄金コンビの〝ジュース〟競演

猪木さんはジュースの出し方も抜群に上手かった。

シンのコブラクローで猪木さんが喉《のど》から出血したことがある。蔵前国技館での試合だった。シンの手を自分の喉元からふりほどくようなふりをして、自分で持っていたカミソリで喉を切った。後でテレビの録画を見たら、まさにシンの指が喉に刺さっているように見えた。リング内で見ているより迫力があった。

ああやって、何ていうことのない技を最大限に迫力あるものに見せかけて、タイガー・ジェット・シンという選手の商品価値を高めていったのだ。自分の身を切り裂いてまで、徹底的に相手の凄みを引き出していく猪木さんの執念と上手さは、見ていて身震いするほどのものだった。これが、あの人の言う格闘芸術だとすれば、それは納得がいく。

ジュースを出すとき、まさか猪木さんは私のように指に巻いておけないから、いつもタイツの中にテープで貼って止めていた。これは選手によっていろいろなやり方があり、メキシコには口の中に入れている選手もいる。メキシコを転戦した経験のある柴田《しばた》勝久《かつひさ》さんは、選手時代、日本でも口の中に入れていた。

猪木さんがシンを売り出したのと同じように、ジュースを使ってスタン・ハンセン売り出しに一役買ってくれたのが坂口《さかぐち》さんだった。

ハンセンが新日本プロレスにやってきて、ジャック・ブリスコとタッグを組み、猪木&坂口組と対戦したときのこと。

もちろんハンセンの売り物は、ニューヨークで、ときのチャンピオン、ブルーノ・サンマルチノの首を折ったというふれこみのウエスタン・ラリアートだ。こいつを最高にインパクトのあるかたちで日本のファンにアピールしたい。

そこで坂口さんは、「今日、私、血を吐きますから」と言った。

試合前、坂口さんは注射器で自分の腕から血を抜こうとした。ところが血の出が悪く、あの太い腕に針を刺したまま、なかなか思うようにいかなかった。

そこで私が「誰か外国人にもらってきます」と言って外国人側の控え室に行き、ロッキー・ジョンソンという黒人レスラーの血を注射器で抜き取り、それをコンドームの中に入れて坂口さんに手渡した。ちなみにロッキー・ジョンソンはハワイのプロモーターでもあり、今をときめくWWEのスーパースター、ザ・ロックの親父だ。

もちろん試合前から、血の入ったコンドームを口に含ませておくわけにはいかない。セコンドの星野さんが持っていて、坂口さんが試合中にエプロン際に倒れたときに、うまく手渡したのだ。その後、ハンセンのラリアートが炸裂《さくれつ》、喉を直撃された坂口さんが口から血を吹き出す……という戦慄《せんりつ》の喀血《かっけつ》シーンに移行した。

あれは、血の入ったコンドームを口の中に入れておき、ハンセンのラリアートを受けた瞬間に噛み切って出したものだ。

フォールを奪われて半ノックアウト状態の坂口さんを、パートナーの猪木さんが引っ張ってコーナーに戻す。

「あの大きな坂口をふっ飛ばすとはすごい。ハンセンのラリアートは、なんという威力なんだ」

そんなイメージが、あの瞬間にできあがった。

さあ、いつ猪木がハンセンを倒すか、といった興味をあおるために、坂口さんは率先してジャブを演じたのだ。

シンの腕折り、猪木さんの目つぶし……数々の演出

流血の演出は、切る場所さえ間違わなければ、〝本物〟の血を出すことに大きな危険性はない。しかし、それ以外のケガの演出となると、さすがに軽く骨折させて複雑骨折を装《よそお》うというわけにはいかない。

シンの腕折り事件についてはすでに書いた。あのようにケガを装うときは、徹底的にやる。ギプスまではめなかったが、シンの腕にテープを何重にも巻いて固め、帰国するまでそのままにした。

テープを取ったときは、腕がただれていて、相当にひどい状態だった。シンには気の毒だったが、よく辛抱《しんぼう》してくれた。

逆に猪木さんがやられる側になり、一シリーズ中ずっとケガ人を演じつづけたこともある。マスクド・スーパースターとの試合で、猪木さんがエプロン際に倒されたところへ、マネジャーのボリス・マレンコが葉巻を猪木さんの目に押しつけた。

このときマレンコは、右手の親指にテープを巻き、テープと指の間に断熱材を一枚入れていた。そして、猪木さんの目に向けて葉巻を押しつけるようにして、自分の親指に押しつけたのだ。

その瞬間、煙が消えて火の粉が飛びちり、ファンは猪木さんが目をやられたように思っただろう。あれはなかなか見事な演技だった。その後、猪木さんは巡業中ずっと眼帯をはめて、サングラスをしたまま各地をまわった。

藤波《ふじなみ》さんのドラゴンスープレックス売り出しのときは、マンドー・ゲレロとアンヘル・ブランコという二人の初来日選手が、立て続けに首を折られたことにした。それでドラゴンスープレックスは一撃必殺の危険な技、というストーリーをつくったのだ。

最初はゲレロだったと思う。リング上でのびているゲレロが、舌を喉に巻きつけたら窒息《ちっそく》してしまうというので、舌にボールペンをかませて担架に乗せ、花道を引き上げていった。おそらくファンにとっては、戦慄のシーンだっただろう。

上手くてスターの素質はあるが、格闘技の素養があったわけではない藤波さんを売り出すために、みんなが必死になっていた。

しかし、実際は、窒息防止のボールペン入れも騙《だま》しのテクニックで、本当に舌が丸まりそうになったら、ボールペンをかましたくらいでは押さえきれない。思いきり舌を押さえて引っ張り出さなければだめだ。

私は本当にアクシデントでそうなってしまったときに経験しているので間違いない。木戸《きど》さんのバックドロップを受けて、ハン・リーが舌を嚙んでしまった。ほとんど舌を食いちぎるほどで、痙攣《けいれん》を起こして、舌が丸まり込んでしまいそうだった。

私は無理やり口を開け、舌を押さえて引っ張り出し、そのまま一緒に救急車に乗り込んで病院に直行した。本当に危険な状態になったら、演出どころの騒ぎではない。

藤波さんのときは、実際はゲレロもブランコもぴんぴんしていた。それでも起き上がれないふりをさせ、救急車に乗せて病院へ連れていった。医者まで騙してレントゲンを撮らせて、とにかく「痛い痛い」で通させた。

そうすると医者は、それほど怪訝《けげん》な顔もせずに、レントゲン写真を見ながら解説してくれたものだ。毎日受け身をとっているレスラーだったら、首が完璧ということはあり得ない。ちゃんと見れば、どこか傷んでいるに決まっているのだ。

どんな処置をしてもらったか忘れたが、とにかくコルセットをはめてもらい、もちろんその後の試合は欠場。二人のレスラーがシリーズ途中で負傷帰国というアングルで、ドラゴンスープレックスの破壊力、ドラゴン藤波の強さを演出した。

〝セール〟を嫌ったレスラーをタイガーマスクが制裁

藤波さんのドラゴンスープレックスに似ていたのが、タイガーマスク（佐山聡《さやまさとる》）の売り物だったタイガースープレックスだ。

ところが、この必殺技で投げられたのに、すぐに平然と立ち上がったやつがいた。レス・ソントンというイギリス出身の陰気な男だ。

試合はタイガーマスクのフォール勝ちだったのだが、ふつうならタイガースープレックスでやられた後は、ダメージが大きくて立ち上がれないような〝セール〟が必要だ。相手を光らせるために、ものすごいダメージを受けたようなふりをするのがルールなのだ。

ドラゴンスープレックスと同じように、のびた選手を担架で運んでも不自然ではないほどの大技なのに、ソントンはカウントスリーの後、涼しい顔で立ち上がった。するとタイガーマスクは、勝ち名乗りの右手を上げている私の手をふりほどいて、ソントンの顔面をシュートで蹴り上げてノックアウトしてしまった。

タイガーマスクが後年のスーパー・タイガーに瞬間的に変わり、ソントンは演技なしのリアルなセールをやることになったわけだ。

その晩、宿泊先の京都の東急《とうきゅう》インでソントンが私に食ってかかった。早口でよく聞き取れなかったが、「日本人はなんとかかんとか」と因縁《いんねん》をつけてきた。

「お前くらいのキャリアがあれば、あの技の後でどうすべきかくらいわかるだろう」

私が言い返すと、タイガーの肩を持ちやがってとカチンときたのか、私の足を蹴飛ばしてきたので殴り返してやった。恥ずかしながら、それからホテルのロビーで取っ組み合いの喧嘩だ。

ヨーロッパのレスラーはアメリカのレスラーと違って、こういうジャブに徹しきれないやつが何人もいた。自分もシューターだという自信とプライドが邪魔をするのだろう。負け役にはなってやるけど、本当はこんな技、ダメージなんかないんだよ……というところを見せて、観客にアピールしようとしていたのだ。プロとしては大きな勘違いである。

アメリカのレスラーでジャブ嫌いとして思い浮かぶのは、ブルーザー・ブロディくらいのものだ。ブロディは、ふだんはジャブではなかったが、ジャブをやる場合もあるのは猪木さんや馬場《ばば》さんでも同じこと。ところが、それを理解していない利己主義者だった。

あのプエルトリコでの殺傷事件は、そういう性格が招いた事件だ。プエルトリコに行ったら、いくらブロディでも地元のレスラーに花を持たせてあげるのが当然。そんな常識が欠落していたことが、最後にああいう悲惨な結果を生んだのだ。

後年、佐山に会ったとき、あのときの話になった。

「あのレス・ソントンの野郎さあ、レフェリーの俺にもさんざん文句を言ってくるから、あの後、ホテルのロビーで喧嘩したんだよなあ」

「高橋さん、本当は、僕も外国人選手のホテルに乗り込んで、もっとぶん殴らないと気が済まなかったですよ。本当に行こうかと思ったんです」

それほど頭にくるくらい、プロレスラーにとって試合での役割というのは重要なものなのだ。

長州のG1初優勝に隠された迫真の演技

昔のワールドリーグ戦から現在のG1クライマックスまで、優勝者を決めるリーグ戦やトーナメント戦は、年間を通したシリーズの中でも観客動員数の多いドル箱だ。ここでも優勝シーンというクライマックスにつなげるために、各レスラーがそれぞれの役割を演じる。

一九九六年のG1クライマックスで長州力《ちょうしゅうりき》が初優勝したときのこと。真夏の両国での五連戦という過酷なスケジュールを前に、実は長州の体調は最悪の状態だった。そして、どう見ても休みなしにハードな闘いを続けるのは無理だと、マッチメイカーでもある長州自身が判断した。

佐々木健介《ささきけんすけ》と平田淳嗣《ひらたじゅんじ》の試合のレフェリーを務める私に、長州から相談があった。

「高橋さん、平田をケガさせて、あと休ませたいんだけど……」

長州は自分のコンディションを考えて、平田を休ませることによる翌日の不戦勝と、一日の休みを得るつもりだった。長州の意向を汲《く》んで、平田、佐々木両選手と一緒にアイディアを考えた。

もっともらしくアクシデントに見せる必要があるので、健介が平田をロープに振ったとき、平田が足をねじったのでリバウンドで返れず、くずれ落ちてしまうようにした。平田は膝《ひざ》を抱えて、激痛のためにリング上を転げまわっている。おそらく観客全員が、あれを見た瞬間にヤバイと思っただろう。レフェリーストップで健介が勝ち、翌日から平田は欠場となった。

「なんだ、騙したな」と怒る人もいるだろうが、エンターテインメントとして見ていただければ、これも一つのシナリオなのだ。

このときのG1優勝を決めたのは、もちろんマッチメイカーの長州自身だ。自分で自分を優勝させるというシナリオも、この世界で生きてきた我々から見れば、何も違和感はない。べつに優勝することが偉いわけではなく、いかに全員が演じて、観客を楽しませるかが課題なのだから。たまに映画監督自身が主役を演じる映画があるが、たとえばそれと同じだと思っていただければいいだろう。

優勝決定戦進出を賭けた長州と健介の試合は、長州が胴絞めスリーパーで勝利を収めた。ふだんとは違う技を見せたのも、優勝に賭ける必死の姿勢を強調するためだったと思う。

いつもと同じようにラリアートやサソリ固めで勝ったのでは、もはや実力で互角以上まできていると見られている健介相手では、説得力がない。健介のほうも、長州がここまで必死に意外な技を出してきたから負けたんだと、ファンが納得してくれたほうが傷がつかない。そんなことを考えながら、あのような展開を長州自身がつくったのだろう。

ブロディのタッグリーグ戦ボイコットの裏側

リーグ戦やトーナメント戦は、まず最初に優勝者を決めて、そこから逆算してマッチメイクを練っていく。ただ本物のケガなどアクシデントもあるので、その際は状況に応じてシナリオを書き換えていく。

いちばん困ったのは、ブルーザー・ブロディに振りまわされた一九八五年のＩＷＧ

Pタッグリーグ戦だった。

このときは猪木さんと相談して、〝新世代〟の藤波&木村健悟組を優勝させて、新風を巻き起こすことに決まっていた。これはマッチメイカーだった私の考えで、最初に猪木さんに打診したときは、あまり快い返事はもらえなかった。やはり「自分が一番、まだまだあいつらには、そこまで花は持たせたくない」というのが本音のようだった。

しかし、マッチメイクをまかされている以上、私も猪木さんのイエスマンになってばかりではいられない。けっきょく猪木さんもしぶしぶ認め、リーグ戦が始まった。

ところが、そのマッチメイクに納得しない男が一人いた。ジミー・スヌーカとのコンビで参戦していたブルーザー・ブロディだ。

シリーズが始まったばかりの頃、宿泊先のホテルの私の部屋に来たブロディが、「今回はどこのチームを優勝させるんだ?」と聞いてきた。それで私は「藤波組だ」と答えると、さも意外そうな顔で、「なに? オレたちじゃないのか?」と聞き返す。

その後は、「違うよ、藤波組だ」「何を言う。オレたちを優勝させたほうが盛り上がるじゃないか」と、押し問答が続いた。

「お前は自分のことしか考えていないようだな。しかし、俺はマッチメイカーとして、新日本プロレス全体のことを考えて決めているんだ」

そう言い切って突っぱねた私とブロディの舌戦は、決勝前日まで続いた。これが、あの忌《い》まわしいボイコット事件につながってしまう。

決勝に残ったのは三組。藤波&木村組と猪木&坂口組、そしてブロディ&スヌーカ組だった。そして、ブロディが提案してきた。

「決勝戦はオレたちと藤波組にしてくれ。猪木組も点数では決勝に進出できるが、坂口をケガさせたことにして不戦敗にしろ」

私が「仮にそうしたとしても、優勝するのは藤波組だぞ」と言い返すと、「それはまた考えよう」と最後まで譲らなかった。

このままでは何が起きるかわからないので、シャクにさわるがブロディの提案を坂口さんに話し、納得してもらった。

「よし、わかった。そういうことにしよう」

決勝戦の前日、東京都福生《ふっさ》市で行われた猪木&坂口組とブロディ&スヌーカ組の試合で、坂口さんが足を徹底攻撃されて、大きなダメージを負った。もちろん演技だ。

あの頑丈な足は、その気になっても簡単にこわせるものではない。試合後、ダメージがあるように見せかけるために、わざわざ椅子で何度も引っぱたき、すごいアザをつくった。

決勝戦の会場は仙台だった。当日の朝、自宅を出ようとしていた矢先、坂口さんから電話がかかってきた。

「高橋さん、やっぱり俺、今日は出るよ」

「えっ、欠場するはずじゃないですか」

「いや、仙台の客だって、それじゃあつまらないじゃない。猪木さんとも話をしたから、そういうことにしてくれ」

「そうですか、わかりました」

坂口さんがそう言うのだからしかたがない。急遽《きゅうきょ》、三《み》つ巴《どもえ》のストーリーを描きながら、当時の東北新幹線の始発駅である上野駅に向かった。

日本陣営は先の新幹線で向かっており、これから出るのは私と外国人部隊だ。またブロディが確認してきた。

「今日は坂口は休むんだろうな。坂口がいたら、なぜいるのに試合をしないんだと客が騒ぐから、仙台には来させるな」

そう迫るブロディに、坂口さんからの電話の一部始終を伝えた。

話を聞いたブロディは興奮し、お前らはバカだのチキンだのとさんざんののしった挙げ句、口論の末に私をぶっ飛ばして、新幹線に乗らずに駅を出ていった。事情がわからない相棒のスヌーカも、ブロディに言われるままについていった。

当時は携帯電話がないから、緊急の出来事だが連絡ができない。しかたなく仙台まで行き、着いてすぐに坂口さんのいるホテルに電話をした。

もちろん観客には、その理由を正直に話すわけにはいかなかったが、とにかくブロディ組が新日本にクレームをつけて試合をボイコットしたことを説明した。そして、ようやく最初に描いていた藤波組の勝利、藤波さんが初めて猪木さんにドラゴンスープレックスを決めて、感動の優勝を飾るシーンにこぎつけた。

坂口さんの猪木さんに対する「人間不信」の真相

これも前著で中途半端な書き方になってしまった話だ。

第一回ＩＷＧＰトーナメントの決勝戦、猪木さんとハルク・ホーガンの試合である。ロープ越しのアックスボンバーでエプロンからリング下に転落、頭を床に打ちつけ、猪木さんが昏倒《こんとう》したシーンを覚えている方も多いだろう。結論から言うと、あれは猪木さんの一人芝居だった。

忘れもしない一九八三年の六月、世界統一という名のもとにスタートしたIWGP王者決定戦という大一番だった。

当然ながら、私たち全員が、金看板である猪木さんを勝たせるつもりでいた。当時のマッチメイカーは坂口さんだ。もちろん坂口さんは猪木さんの勝ちをシナリオに書き、レフェリーの私にもそれを伝えていた。誰もが猪木さんの優勝シーンを待っていたところへ、あのアクシデントが訪れたのだ。

後から思えば、試合前に猪木さんが私に小声で謎めいたことを言っていた。

「高橋、慌《あわ》てるなよ」

私は、あまり深く考えずにリングに上がった。事件が起きたときには、そんな言葉はすっかり忘れて、気が動転していた。

坂口さんが泣きそうな顔で猪木さんのもとに駆け寄り、新間《しんま》さんは「高橋さん、どうしてくれるのよ、いったい……」と私に詰め寄る。どうしてくれると言われても、舌を出して倒れている猪木さんを叩き起こすことはできない。

「新間さん、猪木さんの負けにしますからね」

「あんた、そんなことしたら、すべてが水の泡だよ」

あのときの新間さんとのやりとりは、今でもはっきりと覚えている。あれほどうろたえた新間さんの顔は、後にも先にも見たことがない。

後に坂口さんも言っていた。「猪木さんの葬式を出すことになるかもしれないと思ったら、混乱して、何も考えられなくなってしまった」と。

いちばんシナリオが狂ってはいけない場面で最悪の事態を迎えてしまった。誰もがそう思っていた。もちろん相手のハルク・ホーガンも。

ところが後日、これは猪木さんが意外な結末をリアルに演出し、それによってIWGPとホーガンの価値を高めようという仕掛けだったことがわかった。猪木さんは誰にも自分のアイディアを告げずに、完璧に一人芝居をやってのけたのだ。やはりこの人、この世界では右に出る者のいない千両役者だということは認める。

ただ、ここでいちばん戸惑《とまど》ったのは、マッチメイカーであり、猪木さんを支えつづけてきた坂口さんだった。

レスラーが自分で試合に特別なアイディアを持ち込むときは、マッチメイカーと相談して了解を取るのが常識だ。また、後の展開を左右するような大きなアングルをつくるときは、マッチメイカー以外の重要人物も情報を共有するのがふつうだ。たとえば、前述した長州売り出しの〝噛ませ犬発言〟のように、興行会議でコンセンサスを取ったりもする。

ところが、猪木さんは、本当に何も言わず勝手にやった。あの試合の翌日、私が会社に行くと、坂口さんは「人間不信」と大きく書いた紙を残して姿を消していた。

私は、誰に知らされるでもなく、その文字を見て、猪木さんの自作自演を直感した。それから数日間、坂口さんは会社に姿を現さなかった。

それからも猪木さんと坂口さんの盟友関係は、表向きは続いていたが、あの一件を境にして、二人の間には埋めようのない溝ができたような気がする。

何度も書いているように、私はレスラーとしてのアントニオ猪木を高く評価する考えに変わりはない。しかし、人間としてどうかは別問題だ。

まず味方を欺《あざむ》くことで生まれる緊張感。それが欲しかったのはわかる。しかし、団体創設一年目にして経営がピンチに陥っていた新日本プロレスは、坂口さんの入団によって救われたのだ。その後、いつも猪木さんの引き立て役を演じてきた坂口さんにだけは、やはり伝えておくのが人間としての筋ではなかっただろうか。

大巨人伝説の崩壊を救った大芝居

同じ一人芝居でも、試合相手と団体を救ったのがキラー・カーンだ。あのニューヨークのWWF（現在のWWE）で活躍していた頃の、有名な〝アンドレ足折り事件〟のことだ。

この事件では、カーンが得意にしていたアルバトロス（トップロープからのニードロップ）によって、アンドレが足を骨折したことになっている。しかし、本当は、試合前に大酒を食らって足元がふらついていたアンドレが、リング上でよろけた際、自分の体重に負けて負傷してしまったのだ。完全骨折まではいかなかったが、ひびは入っていたそうだ。

「ヤマいっちゃったな」

ケガをしたとき、レスラーはこんな言い方をする。すぐにカーンは、アンドレのアクシデントに気づいた。そこで痛めた足を蹴りまくり（もちろん寸止めだが）、最後はアルバトロスで折ったように見せかけたのだ。

もちろんマッチメイクにはないカーンの判断で、あの無敵の大巨人が勝手に転んでケガをしたという大失態を巧《たく》みにごまかしたのだ。

もしもアンドレの自爆だとばれたら、試合は白けるし、アンドレのイメージにも大きな傷がついただろう。メジャー団体の金看板であるスーパースターを、こんなことでだめにするわけにはいかない。

そこでカーンは機転を利かせ、急遽、自分でシナリオを変えて大芝居をしたのだ。思わぬケガでうずくまっているアンドレを相手に、本当によくやったものだと思う。気が小さかったり、頭の回転が鈍《にぶ》かったりするレスラーだったら、びびって右往左往して、どうにもならなかっただろう。

この一幕で、カーンはWWFのボス、ビンス・マクマホン（先代）から絶大な評価を得た。そして、アンドレもカーンに感謝して信頼するようになり、それが後の二人の好勝負にもつながっていった。

プロレスラーは強さより上手さが大事、バカではできないというのは、まさにこれなのだ。

第五章　キング・オブ・エンターテインメント

アメプロこそ真の実力主義

二〇〇一年夏に日本でも公開されたＷＷＦ（現在のＷＷＥ）の映画「ビヨンド・ザ・マット」を見て、あらためて思った。真の実力主義は、プロレスの世界でもアメリカだなと。

あの映画では、ミック・フォーリー（マンカインド）とザ・ロックが、試合前に打ち合わせをしている様子をあからさまに映し出していた。プロレスはつくりものだということを、ＷＷＦは堂々と公言したことになる（もっともＷＷＦは映画の全米公開以前から、すでに〝エンターテインメント宣言〞をしていた）。

それができたのは、彼らが本当のプロフェッショナルだからだ。スポーツか芝居かわからない中途半端なドタバタではなく、完成されたショーを全米の何百万人ものファンに提供しているのだ。仕事の成果は、視聴率という数字にはっきりと表れる。

客を楽しませて数字を上げた者が真のチャンピオンであり、数字を上げられない者は容赦《ようしゃ》なく叩き落とされる。そこには、セメントだったらどっちが強いかなどという子供じみた議論はどこにもない。こいつらは、自分の身体を張ってショービジネスの世界に生きる最強のエンターテイナーなのだと、私は心底思った。

試合でやっていることは日本と同じだ。トップロープからダイブしてテーブルをこわすパフォーマンスは、テーブルのビスを何本か外して筋交《すじか》い部分をゆるめ、下支えのなくなった弱い部分に落っこちる仕掛けだ。ビール瓶《びん》を使った攻撃は、事前にヒビを入れて割れやすくしておき、一撃できれいに割れるようにしてある。破片が刺さらないように注意して使い、流血自体は例のカミソリで額《ひたい》を切って出す。私が現役時代にやってきたことと、まったく同じ手順だ。

しかし、プロレスを全体としてどう見せるか、そのために一人一人がいかに演じるか、という部分が、今の日本のプロレスとアメリカのプロレスは、ずいぶん違う。プロとしての徹底した演技という点では、彼らに一日の長があると思った。

日本も企業社会では年功序列が崩壊しつつあるが、実力社会であるはずのプロレス界は、どういうわけか年功序列体制のままである。

アメリカと日本のプロレス界の違いは、負け役のジャブボーイを見ればいちばんよくわかる。アメリカでは、スターになれないやつは、いつまでたってもジャブだ。

ミック・フォーリーのような強烈な個性、ザ・ロックのような人を魅了するカッコよさ。スターには〝その他大勢〟にはない何かがある。それがなければ、あるいは少しはあってもトップを取るには不十分であれば、客を集めてくれるスターを支える脇役に徹するしかない。

そうやって、ジャブは、自分の居場所を必死で見つけようとする。それをつかんだ者は、独自のポジションを自分でつかみとった者の輝きを放つようになる。こうやって適材適所で人が使われ、一つのショーが成り立つのだ。

今の新日本プロレスはお役所と同じ

ところが、日本はどうだろう。先にも書いたが、チャンピオンでないレスラーを探すのが難しいくらい多くのチャンピオンや元チャンピオンがいる。馬場《ばば》さん、猪木《いのき》さんが一線を退《しりぞ》いた後は、日替わり定食のようにエースが入れ替わり、順番にそれぞれがおいしい思いをする。マッチメイカーも気を遣い、みんなに花を持たせようとしてきた。長州《ちょうしゅう》のマッチメイクにも、それがよく出ていた。

群雄割拠というよりは、ドングリの背比べだ。秀《ひい》でた者が見当たらず、また秀でる可能性のある者を引き上げようともしていない。そして、みんなのギャラが少しずつ上がっていき、おまけに身体の動かなくなったベテランも高給を取り……これでは改革の進まない役所や特殊法人と変わらないではないか。そんなプロレス界に、ファンが夢を持てるのだろうか。

この点では、まだ昔のほうが日本のマット界はシビアだった。新日本プロレスでは猪木さんが圧倒的な力を持ち、みんなを押さえつけていた。このシリーズの主役は猪木さんだけど、次のシリーズは誰々、ということはあり得なかった。あり得ない、ということを納得させるだけの輝きが、アントニオ猪木にはあったのだ。

猪木さんがそういう立場から退いたときから、何かがくずれはじめたような気がする。もうそろそろ、レスラーの中からも、「俺をトップにしなくてどうする」という者が出てきてもいいと思うのだが。

もしも人材がいないのなら、誰もクレームのつけようがないようなタレントを発掘しなければならない。イチローや松井《まつい》がいるからメジャーリーグの中継を見る、中田《なかた》がいるからセリエAの中継を見る、というのが多くのファンの心理だ。みんな、突出したスターを求めているのだ。

今、ジュニアヘビーのマッチメイクは、ライガーが主導権を握っている。私が見る限り、まだまだジュニアでライガーの牙城《がじょう》をくずせる者はいない。ライガーを不動のトップに位置づけて、はっきりとしたピラミッドを形成したほうが、面白いドラマがつくれると思う。

ところが、ライガー自身、周囲に気を遣って「今度は自分が負けます」というようになってしまう。その意思を上層部に伝えて、マッチメイクが決まるようなこともあった。試合内容は充実しているが、勝ったり負けたりの繰り返しでは、焦点がぼやけてしまう。

相撲で負けない横綱に土がつくから場内がわくように（基本的に向こうはセメントだが）、絶対的な強さがあってこそ、予想外の敗北というドラマが生まれる。そういうかたちで土をつければ、新しいスターも生まれる。そんなメリハリがあれば、もっともっとジュニアヘビーも活性化できると思う。

もちろんヘビー級にも同じことが言える。長州がマッチメイカーを降りた後、合議制になったが、これが仲よしクラブ化を促進したら、ますますプロレスはつまらなくなるだろう。

レスラーやスタッフに目を光らせ、叱り飛ばすビンス・マクマホン・ジュニアのような厳しさが、プロレスラーという個人商売の集団を引っ張るリーダーには欠かせない。

藤田がPRIDEと新日本の二股をかける理由

マニアの間で語り草になっている試合の一つに、アンドレと前田《まえだ》の一戦がある。これについては前著でもふれたが、前田を制裁しようとしたアンドレが元気いっぱいの前田に逆襲を食らい、試合を放棄して物議をかもした。

これは、アンドレが前田のプロレス的ではない蹴り（つまり古典的なストンピングやドロップキックとは違う格闘技色の強い蹴り）に嫌悪感を持っていたことが伏線にあった。

実は、そのきっかけになったのが、大阪で行われた前田vs.藤波《ふじなみ》戦だ。藤波さんが前田の蹴りによって〝生ジュース〟（相手の技でケガをして流した血のこと）を出して、何針か縫《ぬ》うダメージを負った。この一戦の話をほかのレスラーから聞いたアンドレは、どうも「マエダの野郎、痛い目にあわせてやろう」と思ったようだ。

しかし、実際には、新日本のリング上では、前田の蹴りは一つのキャラクターとして成立していたし、前田を売るうえでとても有効だったと思う。

ところが前田は、それでは飽《あ》き足らず、より純粋な格闘技に近いプロレス、あるいは格闘技そのものを求めて、新生UWFをつくった。そして、サブミッションとキックがファンにも認知され、今ではプロレスのスタイルにも自然に入り込んでいる。その意味では、UWFはプロレス界に大きな影響を与えたが、UWFがプロレスを変えたわけではない。

これは私の想像だが、あの一本気な前田のことだから、当初は純粋な格闘技をめざしたのではないだろうか。

しかし、格闘技ではビジネスとして成立せず、妥協を重ねているうちにプロレスに取り込まれていった。前田が長州の顔面を蹴り上げて解雇されたのが革命の始まりだとすれば、UWFインターの代表としてリングに上がった髙田《たかだ》が、〝プロレス〟で武《む》藤《とう》に負けたのが革命の終わりだった。そんな言い方ができるかもしれない。

途中で袂《たもと》を分かった前田と髙田を一緒にしたら二人は怒るかもしれないが、私が言いたいのは、格闘技はエンターテインメントにならない、ということだ。

前田や髙田よりも新日本との接触を拒《こば》み、ひたすら我が道を歩いてきたのが、パンクラスを設立した船木《ふなき》誠勝《まさかつ》だろう。リングにはもちろんのこと、会社の記念行事にOBとして招待しても、一度も船木は顔を出したことがなかった（その後、二〇〇二年五月の東京ドーム大会「闘魂記念日」で初めて挨拶のためにリングに上がった）。

実は、私は、そんな船木がとても好きだ。世渡り下手なところが自分に似ているからかもしれないが、そこまでやるなら徹底的に好きなことをやって成功してほしいと、格闘技は難しいだろうと思いながらも応援してきた。

ところが、そんなパンクラスも最近は全方位外交のようになってきたという。新日本と交わったり、従来のプロレスをやったりしているわけではないが、門戸を開かなければ食べていけないという事情があるのかもしれない。

孤軍奮闘していた前田もリングスを解散。一番弟子だった長井《ながい》満也《みつや》は、星野《ほしの》さん率いる〝魔界倶楽部〟の一員として活躍している。

彼らはいろいろやってみて、エンターテインメントのほうに夢を見出したり、見出そうとしたりしているのではないか。格闘技でメシを食うことの難しさは、実際に苦労してきた彼らが、誰よりもよく知っているのだから。

PRIDEに進出しながらも、藤田《ふじた》和之《かずゆき》が新日本と二股をかけるのも同じ理由だろう。武藤とともに全日本に移籍した石澤《いしざわ》がケンドー・カシンのキャラクターを捨てないのも、格闘技であと二〇年メシを食えるはずがないとわかっていればこそだろう。ほとんどプロレスをやっていないに等しい桜庭和志《さくらばかずし》も、世間ではプロレスラーを名乗っている。

猪木さんは〝プロ格〟などと言っているが、猪木さんがつくり上げたプロレスあっての〝プロ格〟なのだということを、もしかしたら猪木さん以上に、若いレスラーたちはわかっているのかもしれない。

プロレスは世界最強の芝居なのだ

私自身、柔道をやってきた人間だが、アマチュアの格闘技の試合というのは、競技者ではない第三者が観客の立場で見たら、それほど面白いとは言えないのではないだろうか。オリンピックの試合に興奮するなどというのは例外で、それではふだんの大会を誰が見にいきますか——という話だ。

たとえばサッカーや野球の試合が面白いのは、面白く見せるためにルールをつくり、ゲーム性を出しているからだ。手でボールを持ってはいけない、スリー・ストライクを取られたらアウト、いろいろな縛《しば》りがあって、ゲーム性というものが出てくる。こうやって縛りを加えているからこそ、真剣勝負が成り立つわけだ。

それでは格闘技はどうだろう。

もちろんルールによる規制はあるが、それは身体にダメージを及ぼす格闘技であるがゆえに、危険性を減らすためのルールという面がある。だから球技のように、ゲーム性を出すのとは少し違う意味合いがあると思う。

ルールという決められた枠の中で技術を競《きそ》い合う点では同じだが、危険性を減らすという意図が強く働いているぶん、ルールが試合を退屈なものにしているのも事実だ。

それでは、そんなつまらないルールは取っ払ってしまおう、となると、今度はバイオレンスに向かう。それをやったのがアルティメットだが、暴力はナンセンスという正論以外にも否定的な材料は多い。

危険性が高くなれば、そのぶん自分の身を守ろうとするのが人間の本能だ。完全なノールールに近づくほど、闘う者は防御に走って身動きがとれなくなる。だから、けっきょくルールで危険性を減らす場合と同じで、やはり試合はつまらないものになるのだ。

あの橋本《はしもと》と小川《おがわ》の試合も、事件が起きた三戦目以降の橋本の連敗は、セメントだったから橋本が勝てなかったのだとは、私は思わない。

どういう申し合わせかはわからないが、必ず何らかの同意のもとで試合をしたはずだ。もし殺《や》るか殺《や》られるかの真剣勝負だったら、あれほどきれいに小川が連勝することは考えにくい。どちらも身の危険を察して身動きがとれず、試合にならなかっただろうと思う。

現場を離れた今つくづく思うが、見ていていちばん面白いのはプロレスだ。しかし、真のプロレスは、新日本プロレスが掲げてきた〝キング・オブ・スポーツ〟ではなく、〝キング・オブ・エンターテインメント〟だと、そうなれる可能性を秘めたジャンルなのだと、私は胸を張りたい。

プロレスが一般の新聞やテレビのスポーツ番組で扱われないのは当然で、そこに入り込むことをめざして〝市民権獲得〟などと言うのはバカな話だ。有名タレントの記事が日経や朝日の一面に掲載されないことを、芸能関係者が問題にするだろうか。

「これはお芝居ですよ」と宣言して、別の場所でメジャーになることをめざせばいい。そのほうが潔《いさぎよ》いし、ずっと大きな可能性がある。「プロレスはスポーツではありません、エンターテインメントです」と言ったときに、初めて市民権を得られると思うのだ。

今、私は高等学校の体育講師をしている。ほとんどの生徒は昔の私を知らない。ときどき「うちのお父さんから聞いたけど、先生は有名だったんですね」と言われる程度だ。アントニオ猪木の名前すら、知っている生徒が減ってきている。

たまに私が「プロレスを見ないのか？」と聞いてみると、ほとんどの生徒が「見ない」と言う。「どうしてだよ、面白いのに」と突っ込んだら、「だって八百長《やおちょう》でしょ」と言われたのにはショックだった。

この年代の子供たちが、K―1は見てもプロレスは見ないというのだ。これではプロレスの将来は暗い。この現実を関係者は無視してはならない。

プロレスを真剣勝負だと言い張るから八百長なのであって、エンターテインメントだと堂々と宣言すれば、八百長ではなくなる。そうすれば、離れてしまったファンを引き戻すことにも、新しいファンを獲得することにもつながると思うのだ。

もちろん、真剣勝負だと信じきっているファンの中には、がっかりしてプロレスから去ってしまう人もいるかもしれない。しかし、ビジネスの損得勘定として天秤《てんびん》にかければ、どちらが正解かは、すでにWWEが一つの答えを出してくれているではないか。ただし、アメリカの文化に適応したWWEと、日本のファンの好みに合った格闘エンターテインメントは、まったく別のスタイルになると思うが。

どんな優れたアクション映画でも、役者が本当に相手を殴っているわけではない。ましてや血を流しているわけでもない。しょせんは嘘、すべてがつくりものだ。それでもエンターテインメントとして高く評価されるのなら、徹底的に鍛え抜いたレスラーが本当に肉体をぶつけ合えば、もっと大きな感動を与えられる。スタントマンなしの本物の闘いであり、シナリオはあっても試合の展開はどう転ぶかわからないレスラーたちのアドリブだ。実際に私も経験しているが、シナリオ自体が変わってしまうことだってある。

そして、本物の流れる血、きしむ肉体の迫力。レスラーのセンスや知恵、意気込みによって、どうにでも変わる闘い模様——。

「プロレスはエンターテインメントです」と宣言した瞬間から、レスラーは世界最強の芝居を演じる、選び抜かれたエンターテイナーになれるのだ。プロレスラーはリアルファイターではなく、リアルアクションスターだと、胸を張ってもらいたい。

三〇年前の看板にしがみつくのは愚の骨頂

昔、まだ倍賞鉄夫《ばいしょうてつお》さんがリングアナウンサーをしていた頃の話だ。いつもリングに上がる前に、控え室で発声練習をしていた。

「本日の第一芝居……」

あるとき、「試合」を「芝居」と言い換えた自虐的《じぎゃくてき》なジョークを、たまたま耳にした。レスラーのケッフェイは、社内のレスラー以外の人間にも徹底していたが、これは芝居なのだという意識は、当時から社内にはあった。そもそも年中行動をともにしているのに、隠し通せるものではない。

しばらくたって、その倍賞さんが会社を辞めた。彼が口にしていた〝芝居〟に嫌気がさしたのだ。

そして、新しい事業を始めて、おそらく思うようにいかずに苦労もしただろう。そうやってプロレスを離れた場所から見たとき、内部にいたときには気づかなかったプロレスの面白さを知ったのではないか。

こんなことを倍賞さんと話したことはないが、自分と立場を置き換えてみると、なんとなく倍賞さんの気持ちの変化がわかるような気がする。

私も現役のレフェリー時代、プロレスに誇りを持つ一方で、セメントではないということに、どこか後ろめたい思いがあった。しかし、プロレスから離れると、芝居だからこそ素晴らしいのだということが、本当によくわかったのだ。

おそらく倍賞さんは、私よりも先に、そういう経験をしたのではないだろうか。その後、ふたたび会社に戻ってきてからの彼は、幹部として立派な仕事をしている。新日本を日本一のメジャー団体に育てた功労者の一人だ。それは、プロレスに誇りを持っているからこそできたことだと思う。

新日本プロレス設立から三〇年、日本にプロレスが誕生してから五〇年がたち、ようやく「本日の第一芝居」と、自虐的にではなく、堂々と誇りを持って言える時期がきたのだと思う。もちろん、実際のコールで「芝居」という言い方はないだろうが。

そういえば、かつて倍賞さんの「第一芝居」のコールを、ジャブボーイ時代の藤原《ふじわら》さんが真似ていた。おそらく、気持ちは倍賞さんと同じで、藤原さんも「しょせん芝居だ」という冷めた思いがあったと思う。シュートだったら負けないのに、いつも

「負けろ」と言われて面白くない。そんな鬱憤《うっぷん》を、同じ考えを持っていた人の物真似で発散しているようだった。

外の世界に飛び出してプロレスの面白さを知った倍賞さんに対して、藤原さんは、あのテロリスト事件の主役を演じて、その面白さを知った。演じて人々を魅了する仕事の面白さ、やりがいに目覚めたと言えるだろう。

そうやって自分たちが気づいた素晴らしさを、もうそろそろ公開してもいいと思う。いつまでも真剣勝負なんだ……という苦しいポーズをとっていると、自分たちの首を絞めることにしかならない。

インターネット上に飛び交うファンたちの情報交換の様子を見ると、業界内部の人間が考えているより、ファンの意識はずっと進んでいるようだ。これだけ情報が溢《あふ》れて、格闘技の世界が多様化している中で、三〇年前につくった〝キング・オブ・スポーツ〟の看板にしがみつくのは愚の骨頂だ。

早くプロレスの真実を公開したほうがいい

レスラーはリングに上がったら、演じることに命を賭けている。芝居に目覚めた藤原さんの話を続けよう。

昔、彼はジャブボーイとして、スター街道を歩む長州や藤波さんに連戦連敗を続けていた。そして、G1クライマックスで長州と対戦したときのことだ。リーグ戦で長州を初めて破り、彼はリング上で男泣きした。

もちろん、〝藤原、男涙の初勝利〟という、プロレスマスコミの記事を意識した名演技だ。役者が役になりきって、本当に涙を流すのと同じこと。平然としていたら伝わらないものが、そこまでやることで観客に感動として伝わる。

藤原さんは頭がいいから、ジャブだった自分がどんな境遇で生きてきて、今、このリング上で何を考えているのか――ということを、ファンがどのように想像しているかを頭に入れていただろう。そして、勝利というマッチメイクに合わせて、いちばん絵になる涙という芝居を打ったのだ。

かつての藤原さんがそうだったように、レスラーがどこでチャンスを生かしてのし上がるか、ここ一番でどんな芝居をするかを、ファンのみなさんには見てほしい。それこそプロレスを見る楽しみが、ぐっと広がると思う。

あのテロリストのアングルを、もし藤原さんが白けて素通りしていたら、とっくの昔に藤原喜明《よしあき》の名前はプロレス界から消えていただろう。

　これは千載一遇《せんざいいちぐう》のチャンスだと察知したから、彼は変わった。あのとき初めてやる気になったのが、私には伝わってきたし、猪木さんや坂口《さかぐち》さんも同じように感じていた。そして、これは使えるぞ、どこでもいけるぞ、という評価を勝ち取ったのだ。

　たとえ、ずっとジャブでもかまわない。ジャブに徹して、「よし、最高の負けっぷりを見せてやる」という気持ちになれば、いい仕事ができる。プロは、それが大事なのだ。「本当は俺のほうが強いんだ」というような気持ちが心の隅にあったら、迫真の演技など絶対にできない。

　そして、迫真の演技を続けていると、必ずチャンスがやってくる。亡くなった俳優の川谷拓三《かわたにたくぞう》さんがそうだった。斬られ役専門として、プロレスでいうジャブに徹して、下積みの末に大きなチャンスをつかんだ。今、ジャブをやっているレスラーにも、こういう姿勢を見習ってほしい。

　みんなが芝居に誇りを持てるようにするためにも、少しでも早くプロレスの真実を公開したほうがいい。スポーツの負けと芝居の負けはまったく違うのだから。ジャブのためだけではなく、スターを舞い上がらせないためにも大事なことだ。

脚光を浴びているからといって、いい気になるなよ、ということだ。みんなが夢と感動を提供するために、力を合わせてそれぞれの役割を演じている。それがプロレスなのだから、支え合っているという気持ちを忘れないでほしい。

ターザン山本さんの指摘は否定できない

かつて、「週刊プロレス」の毒舌編集長だったターザン山本《やまもと》さんが、「新日本プロレスは地方の試合で手を抜いている」という主旨の記事を書いて、新日本のレスラーや関係者を激怒させたことがある。

それ以前に新日本を批判する記事を書いて取材拒否を食らい、その腹いせにこの記事を書き、火に油を注いだ格好になった。そういう一連のトラブルがきっかけで、彼は会社を辞めることになったようだが、率直に言って山本さんの主張は、当たらずといえども遠からずだった。

実際、ときどき地方では、わざと試合を早く終わらせてしまうようなことは、昔からやっていた。もちろんレスラーはみんな自覚しているわけだから、山本さんの記事に真っ向から反論する気はなかったと思う。

ただ、あの記事が出る前から対立関係にあったので、感情的な反発から「あの野郎、会場に来たら半殺しにしてやる……」という険悪なムードに発展していた。正直に言えば、私自身も当時はレスラーと同じ感情を抱いていた。

しかし、それと同時に腹の底で思っていることも同じだった。「痛いところを突かれたな」というものだ。

地方における手抜きの真相は、こういうことだ。

東京から遠く離れた会場で試合をした日は、その地に泊まるのがふつうだ。そういうケースでは、山本さんが書いたような手抜きというのは、それほど露骨にはしていない。

問題は、たとえば東京の東にあるAという町で試合をして、翌日は東京の西にあるBという町で試合をするような場合だ。

A町に泊まるよりも、一度東京に戻って、翌日にB町に移動するほうが効率的だ。だから、A町での試合が終わったら、少しくらい距離があってもバスで東京に戻る。

こんなとき、試合が長引くと移動が大変だし、睡眠不足になって翌日の試合にも影響が出る。そういうときに、早めに試合を終わらせてしまうような展開をつくることがある。

プロレスの世界では、早く切り上げろというとき、「石炭をくべろ」と言う。昔の蒸気機関車を速く走らせるイメージで、テレビの世界で言えば、ディレクターが手をまわして「時間がないから早く進めろ」と合図する〝巻き〟のようなものだ。

まだケッフェイの外にいる新弟子が、試合を控えたベテランの付き人だとしよう。すでに試合を終えたベテラン選手が、面白がって付き人に言う。

「おい、○○さんに石炭を渡しておけよ」

当然、付き人はチンプンカンプンだ。

隣に試合をする当人がいるわけだから、べつに付き人に意味が伝わらなくてもいい。

「わからねえか。わからなくたっていいんだよ、そのうちわかるから」

手抜きと言われれば、たしかに手抜きだ。

ただし、時間を早く切り上げるだけであって、試合内容そのものを変えるわけではない。たとえば危険な技を使わないとか、テレビ中継が入った試合でやるときより力を加減する、といったことは絶対にない。少なくとも私が見てきた新日本プロレスでは、それはなかったと断言する。

たとえて言えば、歌手がフルコーラスで歌ったら五分の曲を、ステージでは二番を抜いて一番と三番を歌い、三分少々で終わらせるのと同じだ。曲は短いけれど、歌唱そのものや演奏には手を抜いているわけではない。

しかし、途中を飛ばすのは手抜きだろう、と言われれば、それも否定できない。だから山本さんの言ったことは、当たらずといえども遠からず、なのだ。

新日本プロレスの危険な驕り

プロレスの興行は、長ければいいというものではない。逆に他団体の興行だが、時間が長くなりすぎて帰りの電車がなくなるなど、ファンに迷惑をかけたケースもある。そこまでいかなくても、中だるみが起きるような興行は、どこかに問題がある。

時間が長いか短いかという議論ではなく、どうやってファンを楽しませて、十分に満足してもらうかを考えるのが、プロレス団体の使命だろう。

そのためにも、まず適当なごまかしはやめて、プロレスをエンターテインメントとして、根本から考え直すべきだと思う。

たとえば過去にも、ドン荒川《あらかわ》さんの〝ひょうきんプロレス〟はファンに喜ばれていた。ふだんは前座の試合など見ないレスラーたちでも、荒川さんの試合だけは通路に出て見ていたものだ。猪木さんは嫌っていたが、多くのレスラーや関係者は、内心、大喜びだったのだ。

こういう例もあるのだから、いつまでも〝ストロングスタイル〟とか〝キング・オブ・スポーツ〟といった言葉にとらわれていないで、新しい挑戦に踏み出してほしい。

ターザン山本さんが新日本の地方興行を批判したくなったのも、ただ試合時間が短いからではなく、中身そのものに何か食い足りないものを感じたからだろう。

こちらがリング上の技で手抜きをしていないのに、何か物足りなく感じられるとすれば、そもそもカードに魅力がないのかもしれないし、演出が弱いのかもしれない。どこの団体も地方興行が不振だと聞くが、これは不況のせいばかりではないだろう。三〇年前と変わらない巡業を繰り返してきた工夫のなさが、ツケとなって現れているのだ。

もう一つ気になるのは、あの程度のことで山本さんが業界から干されたことだ。これは、新日本に楯《たて》を突いたらメシが食えなくなるぞ、という脅しのようでもあった。天下のベースボール・マガジン社が、あんなに弱腰になるとは奇妙な気がした。たしかに新日本の記事を載せることができなければ、プロレス雑誌の売上部数は落ちるだろう。

しかし、自分たちに都合のいいことだけを書かせ、臭いものに強引にフタをさせる部分が新日本にあるとしたら、それは危険な驕《おご》りだ。

プロレス団体とファンの間に立つメディアが、目先の売り上げのために、そういう姿勢を受け入れるのも問題だと思う。

実際、あの頃を境にして、プロレス雑誌の勢いも落ちてきたのではないだろうか。そのぶん、インターネットを通じたプロレス情報が先鋭化しているが、プロレスマスコミがプロレス団体と闘わないぶん、ファンが闘っている印象を受ける。

マスコミ関係者も、陰では、意味不明な猪木さんのやり方、迷走が常態化している藤波社長の姿勢など、口にしていることは山ほどあるだろう。それを正々堂々と議論しないのは、ファン無視ではないだろうか。

この本の書き下ろしが出版された直後の主たるプロレスマスコミの反応は、団体の広報部さながらだった。一般マスコミでの評判を無視して、いっさい扱わず、ファンがいちばん知りたいことを遠くへ追いやった。プロレスマスコミという特異なメディアが、プロレスをますますだめにしている面があることは否《いな》めない。

テレビ局の垣根がなくなってきたからこそ

ファン無視といえば、テレビ局のあり方にもふれなくてはならない。新日本プロレスと全日本プロレスが覇を競っていた時代は、テレビ朝日と日本テレビの小さな代理戦争をしているようなものだった。

思うように選手の交流が実現しなかったのは、馬場さんと猪木さんの怨念《おんねん》のせいではない。それが背景にあるとしても、いちばんのネックは、テレビ局との契約問題だったのだ。

一九七九年に東京スポーツ新聞社の主催で、新日本と全日本、国際プロレス勢が一堂に会する「夢のオールスター戦」が行われた。

あのときは、熾烈《しれつ》なテレビ局の縄張り争いを目《ま》の当たりにした。なにしろ、メインイベントは夢のBI砲（馬場&猪木組）の久々の復活だ。その相手はシン&ブッチャー組という夢の極悪タッグ。

当時のマット界の状況から見れば、究極の夢の顔合わせだった。本当ならば、プロ野球のオールスター戦のように、お祭り気分で生中継するのがふさわしい。ところが、生中継となると、テレビ朝日がやるのか、日本テレビがやるのかで折り合いがつかない。

では、両局がそれぞれ通常のプロレス放送の枠内でやればいいかというと、今度は金曜八時のテレビ朝日に対して、放送が一日遅れる土曜八時の日本テレビが納得しなかった。

もめにもめた末、けっきょく、両局が三分枠のニュースで試合を流しましょう、というファンをバカにしたような結論に落ちついた。

これにはもう一つ裏話があって、実は両局は、試合当日、お互いのロゴマークが入った目障《めざわ》りな中継車を会場の敷地内に止めておかないという約束をしていた。

そのため、テレビ朝日のスタッフは、朝早くから準備を始め、撮影用の機材を下ろすと、約束どおり中継車を帰してしまった。ところが、日本テレビ側は、理由はわからないが、なぜか中継車の到着が遅れ、試合開始までに機材を下ろして中継車を移動させる時間がなくなってしまった。

そこで日本テレビ側は、急遽《きゅうきょ》、妥協案として、両局の通常枠による放送を認める代わりに、中継車を移動させないでいいことにしてほしいと申し出てきた。

しかし、すでにニュース用映像の撮影準備を整え、中継車も帰してしまっていたテレビ朝日側は、今さら「通常の枠で」と言われても、セッティングし直すのは物理的に無理だったため、日本テレビ側の申し出を断らざるを得なかった。

撮影用の機材を下ろすことができなかった日本テレビ側は、ニュース用の映像も撮ることができず、テレビ朝日が撮ったニュース映像を借りて、日本テレビのアナウンサーが声を入れてニュースとして流した。

だから、あの歴史的なイベントの映像は、今もテレビ朝日だけに保存されている。

「どうして最初からOKしてくれなかったんだ」と、当時のテレビ朝日の栗山《くりやま》プロデューサーは残念がったそうだ。

こうして、最後の最後で実現しかけた夢のオールスター戦の完全中継は消えたのだった。

猪木さんは日本テレビに出てはだめ、馬場さんはテレビ朝日に出てはだめ——というのは、いちおう契約上は正しい理屈だったのだろう。

しかし、たとえ三分枠であれ、互いが他局に出たことからもわかるように、そんなものは何とでもなることは明白だ。

それなのに、ファンがいちばん胸を躍らせるカードを、全国のお茶の間に届けることができなかった。それは契約という書面の問題などではなく、人間の欲と利害が引き起こすファン無視の姿勢によるものだ。

テレビ局はそれでよしとしていたし、プロレス団体もそれを甘んじて受け入れていた。その結果が、最終的にはゴールデンタイム撤退にもつながっていった。

過去の話をしたのは、やっと垣根がくずれはじめた今こそ、ファンあってのプロレスというものを、プロレス団体とテレビ局に考えてほしいからだ。

制作費が安く、固定ファンの確保が見込めるプロレスは、テレビ局にとってはおいしいソフトらしい。

WWEを見ればわかるように、プロレスのメジャー化には、テレビ局との連携が絶対に欠かせない。だからこそ、くだらない過去の縄張り争いを反面教師にして、ファンが本当に望むソフトを提供してほしいと思う。

今のプロレス中継の解説がつまらないのは当たり前

そこでぜひ考えてほしいのは、実況アナウンサーと解説者のあり方だ。たぶん感じている人は多いと思うのだが、私自身、今のプロレスのテレビ中継はつまらない。ここでは、テレビ朝日の「ワールドプロレスリング」に限定して言うが、ここに一つのプロレス番組の基本があると思うから、全体を見直す材料にはなるだろう。

何がつまらないかというと、その根本にあるのは、アナウンサーも解説者も、嘘をつき通さなくてはならない不自由さだろう。

本当に感じていること、面白いと思っていることではなく、ストーリーに従ってものを言う。ほとんどバレているのに真剣勝負を前提にして、そんなわけがないだろうというような話を〝スポーツ中継〟のスタンスでやるのは不自然だ。

具体的な例を挙げよう。

まだマサ斎藤《さいとう》さんが解説をしていた頃だ。誰か忘れたが、あるマスクマンがリングに登場したときのこと、まだ解説に慣れていなかった斎藤さんが、

「あれはいったい誰なんでしょう」

というわざとらしいアナウンサーの言葉を受けて、

「僕は知ってますけどね……」

とやってしまった。

控え室でモニターを見ていた選手たちが唖然《あぜん》とする中で、猪木さんが「あのバカが」と嘆《なげ》いていた。

そして、解説に慣れるにしたがって、今度は口が重くなっていったのは、みなさんご承知のとおりだ。もともと口が達者なほうではないが、ヘタなことを話してはいけないと思えば、ますます口がまわらなくなる。

秘密を守りながら、スポーツを装《よそお》って面白い中継をするというのは、至難の業《わざ》だと思う。

もしエンターテインメントとして堂々と打ち出したら、斎藤さんだって、口を滑らせてではなく、ただ自然に「僕は知ってますけどね……」と言える。

それをプロのアナウンサーがうまく突っ込み、

「マサさん、それを言っちゃあおしまいでしょう」

などとフォローすれば、ボケとツッコミの掛け合いになる。

弱いベビーフェイスが勝ちまくっているのを見て、「いや、本当は大したことないんだよ」なんて言ってしまってもいい。すっかり身体のしょっぱくなったベテラン選手をエサにして、「もう潮時だよ、引退しなくちゃ」と言ってもいい。タブーとされたことを笑いに変えて、試合も会話も楽しめれば、ファンにとっては一粒で二度おいしいではないか。

その後、山崎一夫《やまざきかずお》や木村健悟《きむらけんご》が解説をしているが、斎藤さんよりはるかに口の達者な彼らの話でさえつまらない。気を遣っているのが見え見えで、こんな解説なら、ないほうがましだと感じてしまう。

とくに山崎には、誰もが認めるレスリング技術と実績を生かして、ぜひ今までにない名解説をしてほしい。UWFの黄金時代を支え、新日本でも活躍した勇姿は、ファンの記憶に新しい。そういう人が持つ〝説得力〟を、エンターテインメントの解説に生かしてほしいものだ。

もちろん、いくら解説が頑張っても、ストーリー自体がつまらなければ話にならない。これからのプロレスは、外部の専門スタッフを引き入れて、演出力を強化していくべきだろう。

WWEの中継では派手な演出が目につくが、むしろ重要なのは、見えない裏側の部分だ。レスラーのキャラクターづくり、マイクパフォーマンスのセリフ、そして、大河ドラマをつくり出すためのシナリオ。

あらゆるパートに一流のスタッフがいて、役割分担をしている。どこまでがテレビ局の仕事で、どこからがプロレス団体の仕事かは微妙だが、とにかく一体になって新しいプロレスをつくり上げている。あの裏方のプロ意識と見事な仕事ぶりは圧巻《あつかん》だ。

プロレスの根幹であるマッチメイクも、プロの構成作家などを入れてアイディアをふくらませたほうがいい。場合によっては、シナリオづくりをすべてまかせてもいいだろう。自分がやって実感したことだが、内部の人間だけでは視野が狭くなり、行き詰まってしまうのだ。

そういうやり方は、日本のファン気質には合わないと言う人もいるが、私は違うと思う。もはや日本でもエンターテインメントとして、プロレスを大らかに楽しめる土壌ができていると思うのだ。

もちろん前述したように、アメリカンスタイルをそのまま真似しろというわけではない。日本はアメリカの技術を学んで、アメリカ車よりも優れた日本車をつくった。それと同じように、新たな〝ジャパニーズ・オリジナル〟を創造すればいいと思う。ただ、それを提供するには、まだプロレス団体やテレビ局の力が足りない。こういうものをやりたい、というイメージもはっきりしていないのだろう。

史上最強のプロレス団体WWEから学ぶこと

宮本武蔵《みやもとむさし》の記した『五輪書』の「地之巻」の中に、こんな一節がある。

「余りたることは足りぬと同じことなり」——。

やたらと多くの道具、たとえば刀や弓矢、槍《やり》などを持っていては、かえって邪魔になって戦えない。いろいろな武器の使い方を覚えようとすると、逆に覚えられない……そんなことを意味している。強くなりたければ、勝ちたければ、武器を一つに絞れと言っているのだ。

これをプロレスに置き換えると、まさに今のレスラーの多くは「余りたる」状態にあると思う。スープレックスにラリアート、空中技に打撃技にサブミッション。何でも器用にこなしてしまう。

ところが、そのせいで、ここ一発のインパクトがない。ファンから見ると、どれをとってもすごい技だなあと思うが、何を繰り出しても相手がキックアウト（カウントに入ったところを跳ね返すという意味）してしまう。だから、何度も見ているうちに「すごいなあ」という気持ちも薄れて、どんどん無感動になっていく。

そこでレスラーは、さらに過激なことをしなくてはと、見映《みば》えのする動き、技に走る。そして、相手は、一歩間違えれば大ケガにつながるような危険な受け方をしなくてはならなくなる。

これは悪循環だと思う。人間のやれることには限度がある。どんなにアクロバティックな動きをしても、アニメーションの主人公のようにはなれない。寸止めを利かせるにしても、一歩間違ったときのことを考えて、どこかで技に歯止めをかける必要があるだろう。

古いファンは覚えていると思うが、〝鉄の爪〟フリッツ・フォン・エリックのアイアン・クローのインパクトはすごかった。蹴飛ばして、ぶん殴って、相手の顔面を大きな手でつかんで押さえ込む。あの技を見せるために、すべての流れをつくり、あの技にふさわしい風貌《ふうぼう》をつくっていたからこそ、誰にも真似のできないド迫力があったのだ。

それだけの商品だからこそ、エリックを尊重して、誰もクローを真似しなかった。後にクローを得意技とするキラー・カール・クラップなどが出てきたが、それはエリックが一線を退いてからだ。

力道山《りきどうざん》の空手チョップも同じことだ。厳密には、あれが空手と言えるかどうかわからないが、とにかく誰も真似はしなかった。あれほど簡単に真似できる技もないだろうが、そこには厳然《げんぜん》とした掟《おきて》があった。だからこそ、力道山は力道山であり得たのだ。

〝掟破り〟が認められはじめたのは、藤波さんが長州に仕掛けた逆サソリからだろうか。しかし、掟破りというのは、そのときに意表を突いて掟を破るから価値がある。年がら年中〝掟破りの逆サソリ〟といって、どんな相手にも使っていたのでは、掟もクソもあったものではないだろう。

それをやってしまった藤波さんと、スタン・ハンセンに対して、たった一度だけ〝ラリアート返し〟を敢行した猪木さんでは、やはり役者が三枚くらい違った。何をやればファンに強い印象を残し、何をやれば印象が薄まるかを、猪木さんは心得ていた。

猪木さんはスマートなテクニシャンのイメージから、いわゆる怪力技はほとんど使わなかった。しかし、実は、ここ一発というときの力の出し方が上手《うま》い人で、いちばん元気な頃はベンチプレスで二〇〇キロくらい挙げていたのだ。

だから、坂口さんやストロング小林《こばやし》さんのような怪力技も、使おうと思えば使えた。しかし、あえてそれはしなかった。それが、アンドレとの大一番ではボディスラム……。だから、観客がドッとわく。これがプロレスのセンスだ。

本章の冒頭に今のレスラーはドングリの背比べになっていると書いたが、これを脱するには、もう一度、プロレスの試合スタイルを見つめ直すことと、ピラミッド体系をつくり直す必要があると思う。ピラミッドは、単に序列化するというのではなく、第一試合からメインイベントまでの流れ、一つの興行におけるドラマをつくるということだ。

前座からトップロープに上がってダイブし、派手なスープレックスの応酬を見せ、場外乱闘を繰り広げていては、メインイベントまでに観客は飽きてしまう。はっきりと違いを見せつけなければ、トップスターの値打ちがないだろう。メインイベントで最高の興奮状態をつくり出すために、レスラー全員が自分の役割を果たすのがプロレスだ。

これを完璧なかたちで成功させているのが、世界最大にして史上最強のプロレス団体であるWWEだ。何度も書くが、私は、アメリカンプロレスをそのまま真似しろと言うつもりはない。ただ学ぶべきことは大いにある。

彼らは誰よりも会場とテレビを見ている観客を意識して、満足感を提供するためにプロに徹している。これは今すぐ真似をして、新しい日本のプロレスをつくり出すための一歩を踏み出してほしい。

猪木&新間コンビに最後の大仕事をしてほしい

では、いったい誰が新しいプロレスをつくり出せるのだろうか。将来的には、現在のプロレス界にはいない人材や、まだリーダーの立場にいない人材が出てくることを期待したい。

しかし、それは、すぐにというわけにはいかないだろう。そうなると、現実問題として、天才的なひらめきを持つアントニオ猪木という人に、まだ頼らざるを得ない部分があるかもしれない。

ただし、猪木さんが一人で独走するのはよくない。過去の猪木さんのプロデューサーとしての実績を見れば、そのことは明らかだ。猪木さんの成功の陰には、必ず新間《しんま》寿《ひさし》という人がいた。かつて〝過激な仕掛け人〟と呼ばれた新日本プロレスの元取締役営業本部長だが、彼がいたからこそ、猪木さんはプロデューサーとしての手腕を発揮できたのだと思う。

その証拠に、新間さんと袂を分かってから、いったいいくつのビジネスを猪木さんが成功させられただろう。

仮に橋本と小川の抗争を仕掛けたのが猪木さんだとしても、それはマッチメイクのヒットであって、会社全体を活性化するほどのものではなかった。異種格闘技戦やIWGPの創設といったビッグなプランには、とても及ばないものだ。

猪木さんは自由に発想して、大きなスケールで物事を考える。それと同じくらい発想できるのが新間さんだった。

いわば、あの二人は似た者同士で、お互いの考えを理解しやすいのだろう。「二人の暴走がクーデターを招いたではないか」という反論もあるだろう。猪木さんを露骨に非難できなくても、新間さんを毛嫌いする者は、新日本の古参の関係者の中には多い。

たしかにプロレス以外の事業では、いろいろな問題があったのは事実だ。と同時に、プロレスという枠の中で、これほどファンに夢と感動を提供してきたコンビもほかにいない。

私は、その両方、つまり善と悪を見てきた。だから、二人にまかせておけば何も心配いらない、プロレス界は安泰だなどと、バラ色の話をするつもりはない。

ただ理想論ばかりを言っていても、実際に物事は先へ進まない。プロレス界について言えば、人材が限られているのだから、当面は、今、リーダーシップを取れる人に舵《かじ》を握ってもらうしかない。それが誰かとなると、猪木さんと新間さんのコンビだと言いたいのだ。

なぜ猪木さんに新間さんが必要かというと、猪木さんの暴走を新間さんなら止めることができるからだ。

これは酒好きな二人が飲んでいて、先に相棒に酔っ払われると、そちらが気になって片方はほどほどに抑えてしまうのに似ている。

あの二人は互いのパワーを熟知しているので、どちらかが先に暴走しかけると、もう片方が「ちょっと待って、もう少し考えよう」と言えたのだ。

これが猪木さんと坂口さんでは、そうはいかない。石橋を叩いても渡らない坂口さんに「ちょっと待って」と言われても、泥橋でも平気で突っ走っていく猪木さんは、「何を言ってやがるんだ」となってしまう。あまりにも対照的なために、前進していくための信頼関係がつくれないのだ。

猪木さんと新間さんは似ているからこそ、相手が危《あや》うい状況になると、すぐにそれを察知してストップをかけられる。少なくともプロレスというビジネスの中では、そんな二人のパートナーシップが、非常にうまく機能してきた。

今さら二人にイニシアティブを握らせるのは危ない賭けかもしれない。〝プロ格〟などと言っている猪木さんが、プロレスの真実が知れ渡った後でファンにどう見られるかも問題だ。

しかし、それでも私は、できれば猪木さんに有終の美を飾ってもらいたいのだ。

それは、ヒーローとしての猪木さんではなく、プロレスの構造改革を完遂させるための汚れ役になるだろう。「俺のやってきたことはショーだ。だからあんなに面白くできたのだよ」ということを、堂々と胸を張って語ってもらいたい。この四角いリングの中では、猪木さんほどの天才的なエンターテイナーは、まだほかに現れていないのだから。

そして、新間さんならば、そんな猪木さんの最後の役割の具体的な筋書きを、しっかり描けるのではないかと思う。

誰が何と言おうと、猪木さんの試合やパフォーマンス、さらに言えば人生ほど、プロレス的なものはない。天龍源一郎《てんりゅうげんいちろう》も〝ミスタープロレス〟と呼ばれたりしていたらしいが、どう考えてもミスタープロレスはアントニオ猪木だ。

覆水を盆に返して、すぐに恨《うら》みつらみを忘れてしまうのも猪木さんならではだ。そのおかげで新日本プロレスは、歴史上、あんなにもめごとが多く離合集散が激しいのに、最後には才能のある人材を引き戻すことができた。

覆水を盆に返してしまう資質は新間さんも同じだ。私などが、どうしても心のどこかに「こいつ、今さら何を言っているんだ」とか「言うことがころころ変わって信念がないな」と思うような場面でも、そういう相手に対して「よく来た、よく来た」

と、大手を広げて迎え入れる。それがまた次のものめごとにもつながるのだが、それ以上にパワーを生んできたのも確かだ。

一般社会では通用しない理屈かもしれないが、まだ今のプロレス界では、そんな猪木＆新間コンビが力を発揮できると思う。二人が元気でアイディアがわき出るうちに、ぜひもう一度、大きな仕掛けをしてほしい。

格闘技で名誉を取るか、プロレスで金を取るか

私が主張するようなエンターテインメントの確立に背を向けて、プロレスから格闘技に向かう者が増えてくるかもしれない。このままプロレスが構造改革を遂行できなければ、そうなってしまう可能性は大いにある。しかし、その後どうなるかは難しい問題だ。

格闘技で名誉を取るか、プロレスで金を取るか。このことを考えるとき、いつも頭に浮かぶのが、山田《やまだ》恵一《けいいち》（つまり獣神《じゅうしん》サンダー・ライガー）と船木誠勝のことだ。

かつて二人はほぼ同じ時期にヨーロッパに渡り、ちょうど第二次UWFがプロレス界を席巻《せっけん》しはじめた頃に帰国した。そのとき二人にUWFから声がかかり、船木はU

を、山田は新日本残留を決意した。

実は、山田も真剣に移籍を考えていた。獣神サンダー・ライガーというキャラクターは、彼をUWFに行かせないために会社が与えたキャラクターだった。つまり、新日本に残ればスターの座は確保できるのだということを、はっきりと山田に条件づけたのだ。このとき山田が、かつての佐山聡《さやまさとる》＝タイガーマスクを思い浮かべたことは間違いないだろう。

どう見ても、体格やルックスからトップにはいけない。この世界で生き残るとすればジュニアしかない。しかし、ジュニアにも激しい競争があり、もともとヘビー級よりマイナーなジュニアの三番手、四番手あたりでは、いつ干されるかわからない。そんな立場を考えたとき、ライガーというキャラクターが彼に決断をうながしたことは、容易に想像できる。

一方、船木はキャラクターを必要としないスター候補だった。あの甘いマスクに均整のとれた体型。ヨーロッパ武者修行に出る前から、すでに女性ファンがついている人気者だった。

正直な話、会社は、山田以上に船木を逃がしたくなかっただろう。しかし、彼は、セメントの世界を選んだ。船木の入ったＵＷＦがセメントをやっていたかどうかは知らないが、船木がそういうものを求めていたのは事実だ。

ＵＷＦについては前にもふれたが、たぶん船木はＵＷＦ移籍後、意図したものができないことに不満を持っていたのではないだろうか。

当時のＵＷＦの試合スタイルを振り返ってみると、結果的には従来のプロレスの枠を脱するところまではいかなかったのだと思う。先に書いたように、前田はそれを本当にめざしたのかもしれないし、中にはセメントもあったのかもしれない。しかし、けっきょく、未完成に終わったのだと私は思っている。

ただ、彼らは、いかにも演技をしているような従来のプロレスはやめて、スポーツライクなスタイルをつくった。まだアルティメットのようなものが登場していなかったので、それがファンの目には、十分に真剣勝負に見えたのではないだろうか。

しかし、いちばん若くて純粋だった船木は、そんな現実策に納得がいかなかったのだろう。せっかく新日本で約束されたスターの座を捨てて、セメントの世界に賭けようと思ってきたのに、ここでやっていることは新日本と変わらないじゃないか……。そんなふうに思ったのかもしれない。

後に船木がつくったパンクラスの試合は、UWFが試みたプロレスの格闘技化を、さらに推《お》し進めたものだ。不動のスターであってほしい船木や鈴木《すずき》みのるが思うように勝てず、興行としては厳しい状況になったのを見ても、相当ガチガチのセメントをやってきたのだと思う。

私は、自分の信じた道を貫《つらぬ》き通した船木は、とても立派だと思う。頑固で世渡りが下手な感じがするところも好きだ。

しかし、彼がこれから先の人生の中で、「もしもあのとき新日本にとどまっていたら……」と考えることがないとも言えない。リングを離れて広い社会に飛び出したとき、初めて見えてくるものがたくさんあるからだ。

幻に終わった対ジャッキー・チェン戦

実は、山田のライガー変身を上回る大きなプランを、私は会社を通して船木に提案していた。これは会社も了承済みのことで、あのジャッキー・チェンとプロレス対カンフーの異種格闘技戦を開催しようとしていたのだ。

この話を持ってきたのは、現在は福岡で貿易商をやっているフマユー・ムガールという私の友人だ。猪木さんがペールワンと闘った後のパキスタン遠征で通訳をしてもらったのが縁で仲よくなった。

そんなフマユーがジャッキー・チェンと知り合いで、本人から「あまり大きくない選手ならば、プロレスラーと闘ってもいい」と言っていると聞いたのだ。

当時、マッチメイカーでもあった私にとっては、願ってもない話だ。うまく進めれば、猪木さんとアリの試合に匹敵《ひってき》する話題を集めることができる。

ジャッキー・チェンの相手として、すぐに船木の顔が浮かんだ。凱旋《がいせん》帰国の最初の試合でドカンとやりたいと思った。さすがの猪木さんも最初は、「まさかジャッキー・チェンがリングに上がるなんてことは……嘘だろう」と半信半疑だったが、信頼のおけるフマユーからの話ということで、「それなら、ぜひ実現させてくれ」とGOサインを出した。

ところが、船木のUWF移籍によって、実現寸前までいった夢の対決は泡と消えた。相手は船木しかいないと強烈なイメージができていたので、私自身も腰砕けになり、他の相手と新しいストーリーをつくることができなかった。

もしもあのとき、船木が金を選んで、山田のように新日本に残り、ジャッキー・チエンと闘っていたら……。プロレスの新しい可能性を開く大きなきっかけになっていたかもしれない。

もちろんジャッキーは、ショーを見せることを前提にリングに上がると言ってきた。ファンも真剣勝負でやるとは、まさか考えないだろう。しかし、単なるエキジビションではつまらない。ジャッキーと船木のセンスとスター性をもってすれば、エンターテインメントとしての高度な闘いのショーがつくれたと思う。それを大会場に大観衆を集めて、生中継で提供することができたら、きっとプロレスの持っている根源的な魅力を伝えることができたと思うのだ。

もしも金を選んでいたら……と書いたが、それは夢を提供する仕事を選ぶことでもあり、そこにはセメントの格闘技の世界とは違う名誉もついてくると思う。

名誉か金か、と最初は考えるが、最終的に両方を手にできる可能性を持っているのがプロレスだ。しかし、格闘技では、ごく一部の例外、たとえばボクシングの世界チャンピオンクラスなどを除いて、名誉しか手に入れることができない。

船木の選択が間違っていたと言うつもりはない。ただ、あのとき船木が別の可能性に賭けていたら、もしかするとプロレス界は一〇年早く変わっていたかもしれない。

実は、私と船木には、劇画作家の猿渡哲也《さるわたりてつや》さんという共通の友人がいる。船木の新日本脱退後、一度も船木とは話をしていないが、その猿渡さんを通じて、船木が「ジャッキー・チェンとの試合はやりたかった」と言っていたという話を聞いた。

今こそプロレス界は、こういうドキドキワクワクするようなカードをファンに提供してほしい。真剣勝負でなくてもファンの目を釘づけにし、いや、ショーだからこそ釘づけにできるディズニーランドのような魅力が、プロレスには詰まっているのだ。

ショーだからこそ発揮できる魅力

プロレスがショーであるということを堂々と公表した時点で、プロレス界は大きく変わりはじめる。

まず、秘密をばらされるのが怖いがために、プロレス村に置いておかざるを得ない、働かない連中をリストラすることができる。そのぶん新しい選手を受け入れたり、育成したり、またチケット代を安くしたりする方向で、企業努力がしやすくなる。

さらに重要なことは、はっきりショーであるとわかれば、みんながプライドを持てるということだ。

プロレス会場で、レスラーが自分をキャラクター化したTシャツや、会社がつくったTシャツを着ている姿を見たことがあるだろう。レスラーたちがよく口にするのは「これ、〝プロレス〟っていう文字が入っていなければ、外にも着ていけるんだけどなあ……」というセリフ。「これ、どうぞ。〝プロレス〟って書いてありますけど……会社のものなんで、しようがないんですよねえ……」などと言って、知人にプレゼントしていたりもする。

レスラーたちは、〝プロレス〟という文字に負い目を感じ、プライベートで着て歩くことに抵抗感を持っているのだ。そりゃあ巨人の選手が〝ジャイアンツ〟と書いてあるTシャツを着て街を歩くのも気恥ずかしいだろう。しかし、レスラーが〝プロレス〟の文字を嫌うのは、それとは少しニュアンスが違う。

そんな気持ちの根っこにあるのは、プロレスの秘密に対する自意識だ。秘密を隠して商売をしているために、どうしても、うさん臭さがつきまとい、そのことにレスラーが負い目を感じているのだ。

こんな嘘をつき通すのは無理だとわかっていても、内部にいる者はなかなか口に出せない。だから、外に出た私が、プロレスを心から愛する立場に立って明かしているのだ。

プロレスは、老若男女すべての人々に夢と感動を与えることのできる世界最強の芝居だ。

その気になれば、セメントの格闘技をやっても相当に強い連中が（そこまで強くない連中もいるが）、鍛え抜いた身体と磨き込んだ技を使って、最高の演技をする格闘芝居なのだ。

それがはっきりすれば、もっともっとプロレスの魅力を多くの人々にわかってもらえるだろう。そして、プロレスラーをめざす若者も増えるに違いない。

次の五〇年のための構造改革を

今、プロレス界は人材難だ。先日、Ｋ―１を見ていて、日本人選手の身体が大きいのに驚いた。野球やサッカーにも大きな選手がたくさんいる。いい素材を集める魅力が、今のプロレス界には足りないのだろう。

エンターテインメントとしてこんなに脚光を浴びることができるとわかり、いつ半身不随になったり、死んだりするかもわからないようなリスキーな仕事ではないとわかれば、職業としてのプロレスラーの魅力はぐんと高まると思う。

早い話、野球やサッカーや陸上競技などをしている人は、いくら体格がよくてもプロレスには恐怖感があるのだ。

格闘技の選手の場合、プロレスへの恐怖感は少ないだろう。しかし、純粋な格闘技を追求してきた者にとって、プロレスラーになることは、自分のプライドを傷つけるのかもしれない。「真剣勝負をやっていたやつが八百長をやりやがって」という、あの感覚、周囲の目。それが気になるし、金だけで割り切ることにはためらいがある。

最初から、これは格闘技の素養を生かせるエンターテインメントなのだから、役者として新しい世界にチャレンジしてみよう——という気にさせることができれば、まったく事情は違ってくる。

プロレス界を構造改革して、そのような環境をつくり出したら、ジャイアント馬場やアントニオ猪木を二、三年で超えるスーパースターが出てくる可能性だって十分にある。

そんな次代のスターたちが、海外から来る〝まだ見ぬ未知の強豪〟と闘う。これこそプロレスの醍醐味《だいごみ》だ。

日本以上に海の向こうはタレントのるつぼだ。プロレスの根源的な面白さは、ナショナリズムを刺激する日本人vs.外国人の闘いの中にあると思う。一ドルが三六〇円の時代にさえ、大物外国人レスラーをたくさん招聘《しょうへい》していたのに、円の価値が三倍になった今、なぜ狭い日本という枠にとどまらなくてはならないのか。

前述したフマユーを通じて、パキスタンにいる二メートル七〇センチの超巨人を紹介されたことがある。モンゴルの奥地には、ロシア人との混血で生まれた巨漢の少数民族がいて、身長二メートルを超える連中がモンゴル相撲をやっている。

私が新日本プロレスにいた頃、獲得寸前までいった者だけでも、こうしてすぐにリストアップできるのだ。

このインターネット時代に世界中にスカウト網を張りめぐらせたら、ものすごい連中がいくらでも出てくるだろう。

その中には、恐ろしいほど強いやつ、さほど強くはないがスター性のあるやつ、まったく動けないけど見た目がすごいやつなど、いろいろいるはずだ。

みんなプロレス界には必要だ。ヒクソン・グレイシーのようなキャラクターとマクガイヤー兄弟のようなキャラクターが共存できるのが、プロレスの面白さだ。

そろそろプロレスのケッフェイを叩きこわして、エンターテインメントとして再生するための大きな挑戦を始めるときだ。

日本にプロレスが誕生してから約五〇年。私は、自分が生きてきたプロレスの世界を誇りに思っているからこそ、次の五〇年のために、プロレスラーが新しい第一歩を、勇気を持って踏み出すことを心から願っている。

本書は二〇〇一年十二月、小社より刊行されました。

ミスター高橋―1941年、神奈川県横浜市に生まれる。柔道三段。パワーリフティング・ヘビー級初代日本選手権者。プロレスラーとしてもアジア各地を転戦する。

1972年、レフェリー兼外国人レスラー担当として、草創期の新日本プロレスに入団。以来25年余にわたりメインレフェリーとしてアントニオ猪木らの試合を2万試合以上裁き、一時期はマッチメイカー、審判部長も務める。1998年、現役レフェリーを引退。

著書には『流血の魔術・第2幕――プロレスは誇るべきエンターテインメント』(講談社)、『プロレス 至近距離の真実――レフェリーだけが知っている表と裏』『プロレス 影の仕掛人――レスラーの生かし方と殺し方』『セメントマッチ――東京デンジャラス・ボーイ①』『ダブルクロス――東京デンジャラス・ボーイ②』『カミングアウト――東京デンジャラス・ボーイ③』(以上、講談社＋α文庫) などがある。

講談社＋α文庫 流血《りゅうけつ》の魔術《まじゅつ》 最強《さいきょう》の演技《えんぎ》
――すべてのプロレスはショーである
ミスター高橋《たかはし》

2003年5月20日第1刷発行
2024年4月3日第14刷発行
発行者――森田浩章
発行所――株式会社 講談社
東京都文京区音羽2-12-21 〒112-8001
電話 編集(03)5395-3522
販売(03)5395-4415
業務(03)5395-3615
デザイン――鈴木成一デザイン室
カバー印刷――TOPPAN株式会社
印刷――株式会社新藤慶昌堂
製本――株式会社国宝社

KODANSHA

落丁本・乱丁本は購入書店名を明記のうえ、小社業務あてにお送りください。
送料は小社負担にてお取り替えします。
なお、この本の内容についてのお問い合わせは
第一事業本部企画部「＋α文庫」あてにお願いいたします。
Printed in Japan ISBN4-06-256736-9
定価はカバーに表示してあります。